U0492734

陶庆先 著

「科技与文化」融合发展

产业链现代化的新逻辑

CONVERGENCE
OF TECHNOLOGY AND
CULTURE

A New Framework
for Industrial
Chain Modernization

社会科学文献出版社
SOCIAL SCIENCES ACADEMIC PRESS (CHINA)

序　言

在当今时代，科技与文化的融合发展已成为全球性的大趋势，深刻地改变着人类社会的方方面面。作为一名长期致力于经济学研究的学者，我深感这一融合进程对于推动产业链现代化具有极为重要的意义。正是基于这样的认识，我撰写了这本《科技与文化融合发展：产业链现代化的新逻辑》，试图从经济学的视角，深入探讨科技与文化融合如何重塑文化产业的生态，以及如何为产业链现代化注入新的动力与活力。

在人类漫长的历史长河中，科技与文化始终相互交织、相互影响。从古代的四大发明对文化传播的推动，到近代工业革命对文化艺术创作与传播方式的变革，科技的发展不断为文化的繁荣提供新的工具与平台，而文化则为科技的创新提供了丰富的灵感源泉与价值导向。然而，在当今数字化、信息化飞速发展的时代背景下，科技与文化的融合呈现出前所未有的深度与广度，其对产业链现代化的推动作用也日益凸显。

在本书开篇，我首先对科技与文化融合的概念内涵及赋能理论展开探讨。这一部分旨在为读者勾勒出科技与文化融合的宏观图景，为后续的深入探讨奠定基础。

"科技引领文化产业链现代化的新逻辑"聚焦文化产业链这一核心概念。文化产业链涵盖了从文化资源的挖掘与创作，到文化产品的生产、传播、消费，再到相关衍生产品的开发等一系列环节。在传统模式下，文化产业链各环节之间往往存在着信息不对称、协同效率低下等问题，限制了文化产业的发展。而科技的介入，尤其是大数据、人工智能、区块链等新兴技术的应用，正在重塑文化产业链的运行逻辑。通过精准的数据分析实现文化资源的深度挖掘与精准定位，借助智能算法优化文化产品的创作与生产流程，利用区块链技术保障文化产品在传播过程中的版权安全，以及通过互联网平台拓展文化消费的渠道与场景等，科技为文化产业链的现代化提供了全新的思路与方法。

"科技与优秀传统文化"探讨的是科技如何助力优秀传统文化的传承与创新。优秀传统文化是一个国家和民族的根脉，蕴含着丰富的智慧与价值。在现代社会，如何让优秀传统文化在新的时代背景下焕发出新的生机与活力，是一个亟待解决的问题。科技为优秀传统文化的保护、传播与创新提供了强大的支持。例如，通过数字化技术对古籍、文物等进行高精度的扫描与修复，使其得以永久保存；利用虚拟现实（VR）、增强现实（AR）等技术重现历史场景与文化故事，让观众身临其境地感受传统文化的魅力；借助社交媒体与短视频平台，将传统手工艺、戏曲等文化形式以生动有趣的方式呈现给大众，吸引更多年轻人的关注与喜爱。通过丰富的案例分析，展示科技与优秀传统文化融合的多种可能性，以及这种融合对于文化传承与创新的重要意义。

"科技与红色文化"聚焦红色文化这一具有特殊意义的文化领域。红色文化承载着中国共产党人的初心与使命，是中华民族宝贵的精神财富。在新时代，传承和弘扬红色文化，对于加强爱国主义教育、培育社会主义核心价值观具有极其重要的作用。科技同样为红色文化的传承与弘扬提供了新的途径与手段。例如，通过建设红色文化主题的数字博物馆、纪念馆，打破时间和空间的限制，让更多人能够便捷地参观学习；利用多媒体技术制作红色文化影视作品，以生动形象的方式讲述红色故事；开发红色文化主题的手机游戏、App，以寓教于乐的形式吸引青少年参与。

"科技与文化制造"着重分析科技对文化制造产业的影响。文化制造涵盖了影视制作、音乐创作、动漫游戏开发、文化创意产品设计等多个领域。科技的进步不断推动着文化制造技术的革新，从早期的胶片电影到如今的数字电影制作，从传统的音乐录制到数字音乐的兴起，从手工绘制的动漫到计算机辅助动画制作，科技为文化制造带来了更高的效率、更丰富的表现形式和更广阔的创意空间。同时，科技也改变了文化制造的商业模式与市场格局。例如，互联网平台的出现使得文化制造企业能够更直接地接触到消费者，根据消费者的需求进行个性化的内容创作与产品开发；3D打印技术的应用为文化创意产品的生产提供了更加灵活、高效的方式。

"科技与文化消费"探讨的是科技如何改变文化消费的模式与趋势。随着科技的不断进步，文化消费的渠道和方式发生了翻天覆地的变化。互联网的普及使得人们可以通过各种在线平台随时随地获取丰富的文化产品与服务，从在线阅读、在线音乐、在线影视到在线游戏等，文化消费的便捷性与多样性大幅提升。同时，移动支付、虚拟现实、增强现实等技术的应用也为文化消费带来了全新的体验。例如，通过虚拟现实技术，消费者可以身临其境地体验虚拟演唱会、虚拟展览等；利用移动支付，消费者可以更加便捷地购买文化产品与服务。此外，大数据技术还能够根据消费者的消费行为与偏好进行精准推荐，增强文化消费的个性化与精准度。

"科技与文化开放"着眼于科技对文化开放的促进作用。在全球化的时代背景下，文化的交流与融合日益频繁。科技为文化的跨国传播与交流提供了更加便捷、高效的平台与工具。互联网的无国界性使得文化产品与服务能够迅速跨越国界，在全球范围内传播与共享；社交媒体平台为不同国家和地区的文化交流提供了广阔的互动空间；数字技术的应用使得文化资源的翻译与传播更加高效、准确。同时，科技也推动了文化产业的国际化合作与竞争，促进了文化贸易的发展。

"科技赋能文化传播"深入剖析科技如何提升文化传播的效率与效果。在传统的文化传播模式下，信息的传播往往受到时间和空间的限制，传播速度较慢，覆盖面较窄。而科技的发展，尤其是互联网、移动通信、社交媒体等技术的广泛应用，彻底改变了文化传播的格局。通过互联网平台，文化信息可以在瞬间传播到全球各地；社交媒体的病毒式传播特性使得文化内容能够迅速扩散，引发公众的广泛关注；大数据技术可以根据用户的兴趣和行为进行精准推送，提高文化传播的针对性与有效性。

"科技赋能文化园区街区建设"聚焦于文化园区街区这一文化产业的重要集聚形式。文化园区街区是文化产业发展的载体，也是城市文化的重要组成部分。科技的应用为文化园区街区的建设与运营带来了新的机遇与挑战。借助智能建筑技术、物联网技术等，可以实现文化园区街区的智能化管理与服务，提高园区街区的运营效率与管理水平；利用虚拟现实、增强现实等技术打造沉浸式的文化体验空间，提升文化园区街区的吸引力与竞争力；借助大数据分析，可以更好地了解园区街区的文化企业和消费者的需求，为园区街区的规划与建设提供科学依据。

"文化大省湖南的实践"则以湖南为例，深入剖析一个文化资源丰富的大省在科技与文化融合发展以及推动产业链现代化方面的实践探索与经验成果。湖南作为中国著名的文化大省，拥有悠久的历史文化、丰富的民族文化和独特的地域文化。近年来，湖南在科技与文化融合方面进行了诸多有益的尝试，从数字媒体产业的蓬勃发展，到红色文化资源的数字化保护与传播，从文化制造企业的技术创新，到文化消费市场的数字化升级等，取得了显著的成效。

序　言

　　在撰写本书的过程中，我深入研究了大量的文献资料，实地考察了众多文化企业和文化园区街区，与众多专家学者、企业从业者进行了广泛的交流与探讨。本书不仅从理论层面深入剖析了科技与文化融合对产业链现代化的影响，还结合大量的实际案例，展示了科技与文化融合在不同领域、不同地区的具体实践与成效。我希望通过本书的出版，为关注科技与文化融合的学者、从业者以及广大读者提供一些有益的思考与启示，推动科技与文化融合的进程，促进文化产业的繁荣发展，为产业链现代化贡献一份力量。

目 录

第一章 "科技+文化"融合发展概述 …………………………… 1
第一节 "科技+文化"融合发展内涵再认识 …………………… 1
第二节 "科技+文化"赋能高质量发展 ………………………… 7
第三节 "科技+文化"赋能现代化产业体系建设 …………… 13

第二章 科技引领文化产业链现代化的新逻辑 ……………… 16
第一节 文化产业链现代化的时代内涵 ……………………… 16
第二节 科技引领文化产业链现代化的基本框架 …………… 21
第三节 国外"科技+文化"融合发展的模式与成效 ………… 27
第四节 国内"科技+文化"融合发展的基本
模式与效应 …………………………………………… 31

第三章 科技与优秀传统文化 …………………………………… 36
第一节 优秀传统文化高效开发利用的时代价值 …………… 36
第二节 优秀传统文化高效开发利用亟须科技赋能 ………… 43
第三节 科技赋能推进传统文化高效开发利用的路径 ……… 50

第四章 科技与红色文化 ………………………………………… 61
第一节 科技不断融入红色文化 ……………………………… 61
第二节 科技与红色文化融合评价体系的构建 ……………… 65

第三节　科技与红色文化融合影响力整体评价 ……………… 70
　　第四节　科技与红色文化融合路径 …………………………… 73

第五章　科技与文化制造 …………………………………………… 81
　　第一节　文化制造发展现状、问题与趋势 …………………… 82
　　第二节　科技赋能文化制造 …………………………………… 90
　　第三节　数智化时代文化装备制造行业发展 ………………… 92
　　第四节　行业考察 ……………………………………………… 95

第六章　科技与文化消费 ………………………………………… 103
　　第一节　科技与文化消费转型升级 ………………………… 104
　　第二节　文化消费现状、问题与趋势 ……………………… 107
　　第三节　科技赋能文化消费的路径 ………………………… 112

第七章　科技与文化开放 ………………………………………… 115
　　第一节　文化出口现状 ……………………………………… 115
　　第二节　文化出口新趋势 …………………………………… 119
　　第三节　传承创新倡导文化开放新导向 …………………… 120

第八章　科技赋能文化传播 ……………………………………… 127
　　第一节　科技重构文化传播及价值实现生态 ……………… 127
　　第二节　科技赋能文化传播与价值实现体系构建 ………… 128
　　第三节　科技赋能文化传播与价值实现的支撑体系 ……… 133

第九章　科技赋能文化园区街区建设 …………………………… 140
　　第一节　国家级文化产业示范园区基地发展情况 ………… 140
　　第二节　地方文化产业园区街区发展情况 ………………… 144

第三节　案例研究 …………………………………… 148

第十章　文化大省湖南的实践 ……………………………… 159
　　第一节　湖南成效 …………………………………… 159
　　第二节　湖南"科技+文化"融合发展赋能"三高四新"
　　　　　　战略面临的挑战 …………………………… 163
　　第三节　加快推进"科技+文化"融合发展更高水平赋能
　　　　　　"三高四新"战略的八条路径 ………………… 167
　　第四节　加快建设综合性国家科学中心提升科技
　　　　　　赋能能力 …………………………………… 170

结　语 …………………………………………………………… 178

参考文献 ………………………………………………………… 181

后　记 …………………………………………………………… 188

第一章 "科技+文化"融合发展概述

在全球化和信息化的大背景下,科技与文化的融合已经成为推动经济社会发展的重要力量。这种融合不仅改变了文化产品的生产和消费方式,也为文化产业的发展提供了新的商业模式和市场机会。科技的发展推进文化的传承创新,文化的演变与发展又会对科技创新提出新的更高要求,同时,文化本身也是激发科技创新活力的重要力量。中华民族文化底蕴深厚,科技实力强劲,"科技+文化"融合发展可以而且应当成为高质量发展的重要力量。

第一节 "科技+文化"融合发展内涵再认识

马克思主义认为,社会的劳动生产力是科学与社会力量的结合,也就是在物化的生产力发挥作用的过程中离不开意识形态,体现了上层观念与下层生产力二者之间相辅相成的辩证统一关系,科学技术能够通过影响社会的经济基础,进而决定上层的观念文化,而观念文化也会反作用于经济基础,影响科学技术的发展。

一 习近平总书记关于"科技+文化"融合发展论述

党的十八大以来,习近平总书记多次对文化科技融合发展做出重要指示批示,发表了系列讲话,形成了推动"科技+文化"融合发展的指导性意见。

1. 明确"科技+文化"的发展前景

2020年,习近平总书记在湖南长沙马栏山视频文创产业园考察时强调:"文化和科技融合,既催生了新的文化业态、延伸了文化产业链,又集聚了大量创新人才,是朝阳产业,大有前途。"① 2020年9月22日,习近平总书记在教育文化卫生体育领域专家代表座谈会上的讲话中指出:"要顺应数字产业化和产业数字化发展趋势,加快发展新型文化业态,改造提升传统文化业态,提高质量效益和核心竞争力。"② 2024年3月21日,习近平总书记在听取湖南省委和省政府工作汇报时,提出两道"融合命题":"一是探索文化和科技融合的有效机制,加快发展新型文化业态,形成更多新的文化产业增长点。二是推进文化和旅游深度融合,守护好三湘大地的青山绿水、蓝天净土,把自然风光和人文风情转化为旅游业的持久魅力。"③

2. 强调文化要主动运用科学技术

2015年12月16日,国家主席习近平在第二届世界互联网大会上发表重要讲话时指出:"互联网是传播人类优秀文化、弘扬正能量的重要载体。中国愿通过互联网架设国际交流桥梁,推动世界优秀文化交流互鉴,推动各国人民情感交流、心灵沟通。"④ 2019年8月19日至22日,习近平总书记在敦煌莫高窟考察调研时指出:"要通过数字化、信息化等高技术手段,推动流散海外的敦煌遗书等文物

---

① 《习近平在湖南考察时强调 在推动高质量发展上闯出新路子 谱写新时代中国特色社会主义湖南新篇章》,人民网,http://jhsjk.people.cn/article/31867620。
② 《习近平谈治国理政》第四卷,外文出版社,2022,第311页。
③ 《湖南之行 总书记提出两道"融合命题"》,中国国家互联网信息办公室、中央网络安全和信息化委员会办公室网站,https://www.cac.gov.cn/2024-03/25/c_1713038239642115.htm。
④ 《习近平外交演讲集》第一卷,中央文献出版社,2022,第364页。

的数字化回归,实现敦煌文化艺术资源在全球范围内的数字化共享。"① 2021年12月14日,习近平总书记在中国文联第十一次全国代表大会、中国作协第十次全国代表大会开幕式上指出:"要正确运用新的技术、新的手段,激发创意灵感、丰富文化内涵、表达思想情感,使文艺创作呈现更有内涵、更有潜力的新境界。"② 2022年4月,习近平总书记到中国人民大学考察调研时强调:"要运用现代科技手段加强古籍典藏的保护修复和综合利用,深入挖掘古籍蕴含的哲学思想、人文精神、价值理念、道德规范,推动中华优秀传统文化创造性转化、创新性发展。"③

3. 强调科技引领文化建设

习近平总书记高度重视数字技术对历史文化遗产保护传承的重要作用,强调"要通过数字化、信息化等高技术手段,推动流散海外的敦煌遗书等文物的数字化回归,实现敦煌文化艺术资源在全球范围内的数字化共享"。④ 习近平总书记指出:"要运用现代科技手段加强古籍典藏的保护修复和综合利用,深入挖掘古籍蕴含的哲学思想、人文精神、价值理念、道德规范,推动中华优秀传统文化创造性转化、创新性发展。"⑤ 2022年5月27日,习近平总书记在中共中央政治局第三十九次集体学习时指出:"我们运用生物学、分子生物学、化学、地学、物理学等前沿学科的最新技术分析我国古代遗存,使中华文明探源有了坚实的科技分析依据,拓展了我们对中国

---

① 《习近平在敦煌研究院座谈时的讲话》,人民网,http://jhsjk.people.cn/article/31566278。
② 《习近平谈治国理政》第四卷,外文出版社,2022,第325页。
③ 《坚持党的领导传承红色基因扎根中国大地 走出一条建设中国特色世界一流大学新路》,人民网,http://jhsjk.people.cn/article/32408765。
④ 《春风化雨润神州——习近平总书记指引数字文化建设述评》,新华网,http://www.xinhuanet.com/2023-05/26/c_1129646597.htm。
⑤ 《坚持党的领导传承红色基因扎根中国大地 走出一条建设中国特色世界一流大学新路》,人民网,http://jhsjk.people.cn/article/32408765。

五千多年文明史的认知。"①

4. 强调"科技+文化"社会效益彰显

2014年,在文艺工作座谈会上,习近平总书记指出"在文艺创作方面,也存在着有数量缺质量,有'高原'缺'高峰'的现象",强调"衡量一个时代的文艺成就最终要看作品",文艺工作者要"创作无愧于时代的优秀作品"。② 2016年4月,习近平总书记主持召开网络安全和信息化工作座谈会时强调:"培育积极健康、向上向善的网络文化,用社会主义核心价值观和人类优秀文明成果滋养人心、滋养社会,做到正能量充沛、主旋律高昂,为广大网民特别是青少年营造一个风清气正的网络空间。"③ 2018年8月,全国宣传思想工作会议召开,习近平总书记指出:"近年来,网络文学、网络视频、网络剧、网络动漫、网络音乐等快速发展,网络文艺受众越来越多,青年一代更是成为网络文艺的主要受众。网络文艺既有蓬勃发展、充满活力的一面,也有野蛮生长、良莠不齐的一面。要适应这种新趋势新变化,加强网络文艺精品创作,推出更多健康优质的网络文艺作品。"④

二 "科技+文化"融合发展的基本内涵

科技与文化的融合,是文化、科技领域的要素相互作用、相互渗透并创造更大价值的过程⑤,是以文化内涵为核心,运用现代科学技术,充分展示和创新文化的内容和形式,创新文化服务方式及提

---

① 《把中国文明历史研究引向深入 增强历史自觉坚定文化自信》,人民网,http://jhsjk.people.cn/article/32476865。
② 《习近平:坚持以人民为中心的创作导向 创作更多无愧于时代的优秀作品》,人民网,http://jhsjk.people.cn/article/25843852。
③ 《习近平谈治国理政》第二卷,外文出版社,2017,第337页。
④ 《习近平关于网络强国论述摘编》,中央文献出版社,2021,第80页。
⑤ 伊彤、王海峰、张国会等:《北京文化和科技融合发展评价研究》,《中国科技论坛》2021年第8期。

升文化体验，使文化产品具有更强的传播力、感染力和吸引力，从而创造更大价值的过程①。科技赋能文化产业高质量发展，是以科技创新应用为基础推动创意生产、经营管理、渠道拓展、营销推广等环节的深度融合，将文化资源优势快速转变为产业发展优势，深度挖掘文化产品及服务的社会价值、资源价值和市场价值，创造出更多高品质的文化产品和精准化服务来不断满足人们多样化的精神文化需求②。

1. 创新驱动是"科技+文化"融合的基本动力

科技创新是文化发展的重要动力。科技创新为文化产业提供了新的表现手法和传播途径，如虚拟现实（VR）、增强现实（AR）、人工智能（AI）等技术的应用，极大地丰富了文化产品的表现形式和用户体验。新技术的应用，可以创造出新的文化产品和服务，满足人们日益增长的文化需求。

2. 文化传承是"科技+文化"融合的必然要求

文化是魂，是融合的基础，科技手段可以帮助保护和传承文化遗产。例如，通过数字化技术，可以对文物进行修复和保存，让更多人能够接触到这些珍贵的文化资源。特别是在信息化时代，科技还是知识产权保护的重要途径，通过数字水印、区块链等技术可以更有效地保护创作者的知识产权。人工智能等技术可以辅助或参与文化内容的创作，如自动生成音乐、图画、文本等，为文化创作提供新的可能性。科技可以提高文化教育的普及率和效率。在线课程、电子书籍等资源使得人们可以随时随地获取文化知识。

3. 新场景新业态是"科技+文化"融合的重要途径

随着数字技术的发展，文化产业与科技的融合成为推动经济增

---

① 崔木花：《文化与科技融合：内涵、机理、模式及路径探讨》，《科学管理研究》2015年第1期。
② 郑正真、李数函：《成都市文化与科技深度融合创新策略研究》，《科技创新》2021年第6期。

长的新引擎。数字化转型不仅改变了文化产品的生产和消费方式，也为文化产业提供了新的商业模式和市场机会，例如，数字媒体、在线教育、电子竞技等领域都是科技与文化融合的产物。科技可以增强文化的互动性和体验性。虚拟现实、增强现实等技术可以让人们以全新的方式体验文化内容，提高参与感和沉浸感。科技使得文化传播更加便捷和广泛。互联网和社交媒体平台让不同文化之间的交流和分享变得更加容易，促进了全球文化的交流与融合。

三 "科技+文化"融合发展新生态

文化与科技的融合是文化产业发展的必然趋势，不仅为文化产业带来了新的增长点，也为文化创新提供了更多可能性。如 2021 年 6 月中国丝绸博物馆上线丝绸之路数字博物馆（SROM）并发布首个线上 3D 展览，截止到 2024 年上半年，该平台已涵盖了 2600 余件丝绸之路数字藏品以及 3300 余件宋韵文化策展库数字文物。再如敦煌莫高窟的"数字藏经洞"项目、"数字敦煌"项目都有了规模庞大的新观众。未来，文化产业的发展将更加依赖于科技的推动，而科技的发展也需要文化的内涵来丰富其应用场景。两者的深度融合将推动文化产业进入一个新的发展阶段。

1. 文化科技融合的实践与特征

多元化需求的满足。消费者对文化产品的需求日益多样化和个性化，科技的发展使得文化企业能够更精准地满足这些需求。

新业态的发展。文化科技融合催生了新的业态，如数字出版、在线教育、电子竞技等，这些新业态成为文化产业的新增长点。

沉浸式体验。技术进步使得文化消费的体验更加沉浸和互动，为用户带来了全新的文化体验。

2. 文化产业结构的升级

产业链的优化。科技的融入使得文化产业的链条更加完善，从内容创作、生产、传播到消费等各个环节都得到了优化。

创新驱动。科技创新成为推动文化产业发展的主要动力，促进了新业态的出现和传统业态的升级。

空间关联。文化产业的发展不再局限于某一地区，而是通过科技手段实现了跨区域的合作和交流，形成了更加开放和包容的产业生态。

3. 文化科技融合的挑战与对策

技术与文化的融合难题。如何将文化内容与科技手段有效结合，创造出既有文化价值又有市场竞争力的产品，是当前面临的一大挑战。

人才培养。文化产业的发展需要大量既懂文化又懂科技的复合型人才，当前这类人才相对匮乏。

政策与市场环境的优化。需要政府提供更加有力的政策支持，同时建设良好的市场环境，促进文化与科技的深度融合。

第二节 "科技+文化"赋能高质量发展

高质量发展是时代发展的重要使命，是中国特色社会主义现代化强国建设的必然要求。但什么是高质量发展？是从古典经济学中寻找高质量的内涵，还是从质量经济学中挖掘高质量的本质？通过比较不同学派对于（高）质量的定义可以发现存在诸多不同观点。在新的历史时期，从中国特色社会主义现代化建设的新生态出发，高质量发展又具有什么样的新内核？"科技+文化"对于高质量发展有何作用？

一 高质量发展内涵再认识

质量起源于物理学领域，是一个正的标量。各经济学派对于质量的认识，主要围绕着质量-商品的使用价值和质量-商品的价值这两条主线展开。商品的使用价值是质量高低的外部表现，商品的价值或者说价格是质量高低的衡量工具。

1. 古典经济学对于质量的阐述

高质量的商品价值更高？这种价值来源于何处？古典经济学对剩余价值的探讨做出了最初的尝试。从 F. 魁奈提出的剩余价值来源于农业生产部门到亚当·斯密提出的一切物质生产部门都创造财富，表明高质量包含所有生产部门，高质量发展最终要落脚于实体经济，要从生产部门着手。在生产部门的各个环节中，决定质量高低的关键要素是人，威廉·配第在《赋税论》中提出劳动是价值的源泉，亚当·斯密是第一个明确提出使用价值和交换价值的人，布阿吉尔贝尔则提出了劳动价值论，并把商品的价值归结为一般劳动时间。大卫·李嘉图在《政治经济学及赋税原理》中指出，没有使用价值的东西肯定没有交换价值，这更加表明了质量的重要性。高质量的商品可能具有更大的使用价值，因而可以获得更高的交换价值。

2. 马克思对于质量的论述

马克思的价值理论和剩余价值理论可以解释高质量发展的内涵与外延。一是具体劳动是高质量发展的基础，抽象劳动是高质量发展的关键。马克思指出，抽象劳动创造价值，而社会必要劳动时间的长短决定了价值量的大小。在高质量发展过程中，一方面，具体劳动会把包含更多社会必要劳动时间的物化劳动转移到新的商品中，在实际生产中，即要求使用更高品质的原材料或者零部件产品；另一方面，抽象劳动创造剩余价值，这种剩余价值的大小与社会必要劳动时间正比例相关。二是高质量是内在的包含创新的概念，马克思指出，创新劳动生产出来的是中高端产品，这种产品的价格高于价值，相反，简单劳动、重复劳动生产出的产品可能更多的是中低端产品，其价格可能低于价值，甚至出现价值难以实现的问题。三是高质量发展要有合意性，高质量不等于高技术含量，不等同于一般劳动的付出，只有符合消费者需要（这种需要可以适度超前，能够形成引致消费），即具有使用价值的商品才有成为高质量商品的可能。正如马克思所言，当生产出来的具有使用价值的物与具体的消费者相结合时，物的有用性就会出现差异，这就表明消费者的合意性对商品质量的高低的评定具有重要的影响。

3. 新时代高质量发展论

习近平总书记指出："我国经济已由高速增长阶段转向高质量发展阶段。"[①] 之后，国内学者围绕高质量发展展开了多层次、多角度的论述，提出了不同的高质量发展观。一是高质量发展"变革论"，认为高质量发展是经济发展质量变革、效率变革、动力变革，通过投入与产出同步推动质量变革，宏观与微观并重推动效率变革，供给和需求并举推动动力变革；经济发展质量在强调数量的基础上更加强调质量，经济资源运用效率决定经济质量高低。二是高质量发展"三观论"：经济观、人本观、统筹观。经济观主要是从经济学的视角来考察高质量发展，认为高质量发展关键是通过转变发展方式、优化经济结构、转换增长动力，实现经济质量的提升和经济效益的提高[②]。人本观认为高质量发展的最终目标与衡量标准在于人，认为经济发展的本真性实质上就是以追求一定经济质态条件下的更高质量目标为动机，发展质量的高低，最终是以经济发展能否满足人民日益增长的美好生活需要为判断准则[③]。统筹观认为高质量发展是比经济增长质量范围宽、要求高的质量状态，在发展中要统筹协调经

---

① 《习近平著作选读》第二卷，人民出版社，2023，第66页。
② 夏锦文、吴先满、吕永刚等：《江苏经济高质量发展"拐点"：内涵、态势及对策》，《现代经济探讨》2018年第5期。
③ 金碚：《关于"高质量发展"的经济学研究》，《中国工业经济》2018年第4期。

济与生态、民生社会事业①。三是"动静论",即从动态与静态的视角来考察高质量发展。静态观点认为高质量发展是一种状态,是经济发展的高级状态和最优状态。动态观点认为高质量发展是一种路径或者模式,会随着经济社会发展而不断跃迁,是基于新理念、新动力、新动能和由软价值、软资源、软制造主导发展的路径和模式的总称②。

二 "科技+文化"赋能高质量发展的路径

"科技+文化"既会形成新的业态,推进高质量发展,又能提高要素质量,为高质量发展战略的实施提供支撑。

1. 催生新业态赋能高质量发展战略实施

当传统意义上的文化领域对科技发展的形态颠覆和伦理建构还心存疑虑之时,科技发展主要以增量创生而非存量转型的方式创造"新文化"③。在经济学意义上,文化和科技融合是一种技术诱发的产业发展模式,通过要素层面、企业层面和产业层面的融合,两者交叉、渗透、重组并最终融为一体,带来文化生产方式的变革④。长沙市统计显示,2020 年,全市互联网信息服务、广播电视集成播控为主的"互联网+文化"领域收入增幅超 20%,"互联网+文化"领域规模以上文化企业实现营业收入 100.7 亿元,占全市规模以上文化企业营业收入的 6.3%,营业收入同比增长 20.5%,高于全市平均水平 18.7 个百分点⑤,带动全市规模以上文化企业营业收入增幅提

---

① 任保平:《新时代中国高质量发展的判断标准、决定因素与实现途径》,《改革》2018 年第 4 期。
② 吴金明:《"二维五元"价值分析模型——关于支撑我国高质量发展的基本理论研究》,《湖南社会科学》2018 年第 3 期。
③ 于平、李凤亮主编《文化科技创新发展报告(2013)》,社会科学文献出版社,2013。
④ 尹宏:《我国文化产业转型的困境、路径和对策研究——基于文化和科技融合的视角》,《学术论坛》2014 年第 2 期。
⑤ 湖南省统计局:《2020 年长沙规模以上文化产业"低开高走"行业和区域集聚显著》,湖南统计信息网,https://tjj.hunan.gov.cn/tjfx/sxfx/zss/202104/t20210414_16467565.html。

高 1.1 个百分点。

2. 助推高质量发展赋能高质量发展战略实施

通过将文化元素、理念、内容、形式等与科学技术的理论、方法、手段和精神等有机结合，改变有关产品的价值与品质，形成新的内容、形式、功能与服务，更好地满足人民群众不断增长的物质文化需求[①]。以"广电湘军""出版湘军"为例，在两家上市公司调研发现，2021 年，湖南广播电视台（以下简称"湖南广电"）新媒体板块公司芒果超媒营业收入达 153.56 亿元，利润总额为 21.14 亿元，双双同比增长；湖南出版投资控股集团资料显示，各出版单位积极开拓社群、直播、短视频营销等新渠道，2020 年，晨报新媒体影响力首次超过传统媒体，新闻短视频流量首次超过文图，内容直接变现收入首次突破 1000 万元。

3. 促进现代化建设赋能高质量发展战略实施

从哲学的意义上看，文化和科技融合是社会文化变迁的内在机制，推动现代文明发展，进而带动人的素质的提升，形成推动发展的要素。5G 新基建创造的互联网、国内国际双循环新生态等孵化了文化产业新生态，成为文化产业发展的新动能。以湖南广播电视行业为例，湖南省广播电视局积极推进 5G 高新视频多场景应用国家广播电视总局重点实验室建设，打造了文化科技融合的高端平台，推出了"小芒电商"。"芒果学院"布局音乐版权、艺人经纪等多条赛道，建立全世界首个把 UGC 内容爱好者培养成顶级 PGC 制作人的全新生态。虚拟娱乐社交平台"芒果幻城"已具雏形。受到过习近平总书记亲自检阅的 5G 智慧电台，截至 2023 年 5 月，累计签约用户 946 家，落地服务 787 频，节目总数达到了 540 档，库存歌曲 13798

---

① 伊彤、江光华、黄琳：《北京市促进文化科技融合的模式与路径选择》，《科技智囊》2015 年第 4 期。

首，全部用户下载节目总数 297 万余次①，成为文化与科技融合的样板。

三 "科技+文化"赋能高质量发展的实现机制及其效果评价

文化产业要融入国民经济发展大局，就要在国家重大战略调整中发挥重大作用，成为引领者、支撑者。当前，我国经济发展已由高速增长阶段转变为高质量增长阶段，文化产业要在这种发展大局中推动产业升级，助推现代化产业体系建设，满足人民群众的美好生活需要，就要更好地融入产业体系中，发挥文化"物质+精神"的双重作用，形成"文化+产业"融合发展新链条。

文化产业量的扩张提升了中高端产业在现代化经济体系中的比重。文化要素与经济、社会、生态各领域更广范围、更深程度、更高层次的融合创新，有助于推动产业业态裂变，实现产业结构优化，提升产业可持续发展水平。"文化+金融""文化+电商""文化+创意"等文化产业的新业态、新模式体现出文化创客们的活力，展示了创意的魅力，文化产业的跨界融合为文化的发展提供了新机遇。

下面借助数据包络分析方法中的 CCR 模型来评价"科技+文化"赋能高质量发展。

考虑到数据的可获取性，假设区域发展动能基本由劳动、资本、技术、红色资源与其他要素驱动。考察的样本数为 n，用 $X_i = (x_{1i}, x_{2i}, \cdots, x_{mi})$ 表示第 i 个决策单元或者说样本的输入变量，用 $Y_i = (y_{1i}, y_{2i}, \cdots, y_{si})$ 表示第 i 个决策单元或者说样本的输出变量，定义权重集 $u^T = (u_1, u_2, \cdots, u_m)$，$v^T = (v_1, v_2, \cdots, v_m)$，$u_i$ 为第 i 个投入的权重，v_i 为第 i 个产出的权重。定义决策单

---

① 湖南省广播电视局:《5G 智慧电台守正创新服务基层"把党的声音送到田间地头"》，中国政府网，http://gbdsj.hunan.gov.cn/gbdsj/xxgk/gzdt/hyxx/202306/t20230606_29369093.html。

元 j 的效率评价指数为 $hi = \dfrac{u^{\mathrm{T}} Y_j}{v^{\mathrm{T}} X_j}$，$i = 1, 2, \cdots, n$。于是，目标函数为 $\max \dfrac{u^{\mathrm{T}} Y_j}{v^{\mathrm{T}} X_j}$，约束条件（将投入约定为 1）为 s.t. $\begin{cases} \dfrac{u^{\mathrm{T}} Y_j}{v^{\mathrm{T}} X_j} \leq 1 \\ u^{\mathrm{T}} Y_j = 1 \\ u \geq 0, v \geq 0 \end{cases}$，效率评价指数越接近甚至等于 1，说明文化的投入产出效率越高，赋能效果越好。

第三节 "科技+文化" 赋能现代化产业体系建设

文化是产业发展的土壤，好的文化对于现代化产业体系的培育具有无可替代的促进作用。并且，"科技+文化"本身就是一种产业，但这种产业能够与其他产业有效融合，产生外溢效应，进而带动现代化产业体系建设。

一 现代化产业体系建设的时代内涵

从全球的视角来看，我国现代化产业体系建设具有很强的中国特色、时代特性。一是在世界第二大经济体这样一个体量上建设现代化产业体系，规模是一个重要的变量。121万亿元的大体量能够发挥量的优势形成引致需求，但也容易因为量过大而在关键环节、重点领域形成"惯性"制约，导致产业转型难，过剩或者落后产能淘汰难。二是在以国内大循环为主、国内国际双循环相互促进的新发展格局下建设现代化产业体系，本土市场更显重要。现代化产业体系的构建更多地立足于国内需求、立足于本地市场，对国际市场的依赖相对较少，这区别于外向型产业体系建设，也区别于进口替代型产业体系建设。三是在全球唯一一个拥有联合国产业分类中全部工业门类的国家建设现代化产业体系,"全"这一特征值得重视。这种全产业类型能够快速形成配套,但也容易由于"本土化"等利益制约而影响资源优化配置,减缓现代化的步伐。四是在发展不平衡不充分这样一个现实约束下建设现代化产业体系,统筹协调必不可少。不平衡发展形成的产业梯次结构有利于产业内部转移,但部分地区的产业实力还不强,现代化的基础还不牢,形成了制约,甚至部分县域还面临工业化进程滞后、工业基础薄弱的问题。五是在人与自然和谐共生这样一个体系中建设现代化产业体系,共赢是必然追求。生产、生活、生态共赢,需要大力发展低碳、绿色产业。

二 现代化产业体系建设的总体框架

推进现代化产业体系建设,应当以习近平新时代中国特色社会主义思想为指导,在理念上、设施上、平台上、内容上有新的突破。一是以"三新一高"理念为引领。现代化产业体系建设,必须立足新发展阶段、贯彻新发展理念、构建新发展格局,推动高质量发展。二是"新旧基础设施"互动支撑。根据产业发展需要,统筹新旧基础设施,优化基础设施布局、结构、功能和系统集成。三是打造"顶配版"产业发展平台。瞄准支柱产业、未来产业,重点建设一批高能级产业大平台。四是培育充满活力、实力强劲且具有特色的产业集群。推动制造业高端化、智能化、绿色化发展。构建优质高效的服务业新体系。打造绿色引领、品牌发展、设施健全的农业体系,努力形成三次产业结构合理,产业内部聚企成链、聚链成群的发展态势。

三 把握"科技+文化"优势加速现代化产业体系建设

突出文化引领、科技驱动,要以"六个更加"为导向,有序推进现代化产业体系建设。一是更加突出创新驱动，构建创新活力得到释放、创新人才不断集聚、创新成果不断涌现、成果转化渠道畅通的发展体系。二是更加突出产业安全，有效解决"卡脖子"问题，从原材料到产品再到终端消费品的供应体系安全可控。三是更加突出战略性新兴产业与传统劳动密集型产业协调配套，战略性新兴产业引领作用突出，对经济社会发展贡献大，传统产业带动就业、满足社会基本需求等方面的功能得到彰显。四是更加突出平台经济，"线上+线下"协同被摆在更为重要的位置，各类平台得到有效培育，支撑作用得到有效发挥。五是更加凸显比较优势，基于区域资源禀赋的现代化产业体系基本建立，如湖南在打造先进制造业高地上，突出推进"3+3+2"工业体系建设。六是更加突出有为政府和有效市场的衔接，明确政府服务边界，优化营商环境，促进现代化产业体系建设。

第二章　科技引领文化产业链现代化的新逻辑

以 3D、虚拟现实、三维全景、仿真引擎等技术为代表的产品和服务展示与体验的"新产品生态圈",以新的消费理念、消费行为和消费模式为重点的"新消费生态圈",以大数据、人工智能为引领的"新服务生态圈"共同构筑了文化产业链现代化的新生态,并从供给-需求-服务全链条重塑了产业链现代化的逻辑。

第一节　文化产业链现代化的时代内涵

文化产业链不单单是指单一产业,而是涵盖了多个相关联的产业,这些产业之间通过供应链、价值链等多种形式紧密相连。产业体系包括了原材料供应、生产加工、产品销售、技术服务等多个环节,其目的是形成一个高效、协同的经济运作机制。

一　文化产业链现代化的特征

文化产业链现代化的基本框架,反映了文化产业在新时代背景下的发展趋势和方向。

1. 协同性

文化产业链的现代化强调产业链各个结构之间的相互依存、相互作用和相互影响,形成一个完整的统一体,其内部要素和结构相互协同,实现整体正常运转与发展。文化产业高质量发展的基本原则包括把文化产业扩大内需战略同深化供给侧结构性改革相结合,把推动文化产业实现质的有效提升和量的合理增长相结合,以及把文化产业的社会效益和经济效益相结合。

2. 开放性

现代化的文化产业链需要与外界建立联系和进行信息互动,通过对文化内容、产品形态的研究,创新推动数字文化产业链发展,提高市场竞争力。文化与旅游、体育、教育、信息、建筑、制造等融合发展,延伸产业链,构建融合发展产业生态体系。顺应商业变革和消费升级趋势,促进网络消费、定制消费、体验消费、智能消费、互动消费等新型消费发展,创新文化消费场景,形成产销开放合作体系。

3. 科技赋能

在新一轮科技革命下,把先进科技作为文化产业发展的战略支撑,建立健全文化科技融合创新体系,推进产学研相结合,注重原始创新、集成创新,加强制约文化产业发展的共性关键技术研发。坚持创新在产业发展中的核心地位,深入实施创新驱动发展战略,提高自主创新能力,推动内容、技术、模式、业态和场景创新。

4. 数字化发展

实施数字化战略,推进产业基础高级化、产业链现代化,促进文化产业持续健康发展。加快文化产业数字化布局,统筹文化资源存量和增量的数字化,推动文化企事业单位基于文化大数据不断推出新产品新服务。落实国家文化大数据体系建设部署,共建共享文化产业数据管理服务体系,促进文化数据资源融通融合,为高质量文化供给提供强有力支撑。

5. 全球化竞争

文化产业链的供需双方处于一种平衡、双向联动的状态,产业链内部各个结构之间需建立稳定的供需关系,呈现相互促进的发展模式。在全球化背景下,产业体系的竞争不再局限于国内市场,而是扩展到了全球范围。这要求产业体系不仅要适应国内市场的需求,还要能够在国际市场上保持竞争力。

二 文化产业链现代化的趋势

随着全球经济结构的深刻变化和科技革命的持续推进,文化产业链现代化呈现出四个显著趋势。这些趋势不仅影响着产业的发展方向,也为产业政策制定和企业战略规划提供了重要指导,是科技引领现代文化产业发展的趋势。

1. 数字化转型

在文化产业链的语境中,数字化转型是文化产业体系升级的核心动力。随着大数据、云计算、物联网和人工智能等前沿技术的深度渗透,文化产业的各个环节正在经历深刻的变革。这些技术的应用不仅使文化内容的创作、生产与传播过程更加智能化和高效化,还促进了文化新业态和新模式的蓬勃发展,例如数字文化内容平台、虚拟现实体验、智能文化消费等。数字化转型不局限于文化产业内部的某个细分领域,而是推动了文化产业与其他相关产业的深度融合与跨行业整合,促使文化产业链的边界逐渐模糊,形成了文化产业与科技、旅游、教育、娱乐等多领域相互交融的全新产业生态格局。

2. 产业链的全球重组

在全球化背景下,文化产业的全球产业链重组成为现代文化产业体系的重要特征。随着全球分工的不断深化,文化产业的产业链和供应链布局日益全球化,文化企业可以根据成本、技术、市场等因素,在全球范围内寻找最优的资源和市场。例如,文化内容的创作可能集中在创意资源丰富的地区,制作加工环节则可能布局在劳动力成本较低的地区，而文化产品的销售和传播则面向全球市场。这种全球产业链的重组，一方面带来了文化产业资源配置的优化，使得文化企业能够以更低的成本获取高质量的创意、技术和劳动力资源，提升文化产业的整体效率和竞争力；另一方面，也使得文化产业在全球范围内的相互依赖性显著增强。文化产品和服务的生产、传播和消费环节分布在不同的国家和地区，任何一个环节的波动都可能对全球文化产业的稳定产生影响。因此，文化产业的全球产业链重组不仅重塑了文化产业的地理布局，也对文化产业的供应链安全、文化贸易规则以及文化企业的国际化战略提出了新的机遇和挑战。

3. 创新驱动发展

在文化产业领域，创新是推动文化产业链发展与升级的核心驱动力。在全球竞争日益激烈的背景下，具备持续创新能力的国家和文化企业能够在国际文化市场中占据先机。文化产业的创新不仅局限于技术层面，如数字技术、虚拟现实、人工智能等新兴技术在文化内容创作、传播与消费中的应用，还包括管理创新和模式创新。管理创新涉及文化企业的组织架构、人才管理、知识产权保护等方面的优化，而模式创新则体现在文化业态的多元化发展，如文化与科技、旅游、教育等产业的融合创新，以及文化消费模式的变革。通过创新驱动，文化产业可以实现结构的优化升级，从传统的以内容生产为主，向涵盖创意研发、制作传播、衍生产品开发、文化服务等全产业链的高端化、多元化方向发展。这不仅能够提升文化产业的附加值，还能增强文化产业在全球文化市场中的竞争力。创新还能够推动文化产业链的延伸和拓展，促进文化资源的深度开发和高效利用，进一步提升文化产业在全球文化经济格局中的地位和影响力。

4. 可持续性增长

在文化产业领域，环境问题和资源约束同样成为其可持续发展的重要制约因素。随着全球对环境保护和可持续发展的关注日益增加，文化产业的可持续发展也成为全球共识。文化产业的可持续发展不仅需要在内容创作和传播中融入环保理念，还需要在产业运营中注重环保和节能减排，努力实现文化产业经济增长与环境保护的双赢。文化企业的碳足迹、资源利用效率、社会责任履行情况等，都可以作为衡量其可持续发展水平的重要指标。通过对这些指标的监测和评估，可以推动文化产业在全球经济中实现更加绿色、公平和可持续的发展。

三 文化产业链现代化的产业政策与市场机制

合理的产业政策和有效的市场机制是现代化产业体系建设的重要保障。产业政策作为政府对经济活动的干预和指导，旨在促进特定产业的发展，提升国家或地区的产业竞争力。市场机制则依赖于供需关系和价格机制来自然调节资源的分配。这两者的有效结合对于产业升级和经济发展至关重要。

1. 要有合适的产业政策

产业政策通过财政支持、税收优惠、研发补助和政府采购等手段，引导资本流向文化产业的新兴领域和薄弱环节，促进科技创新和产业结构优化升级。这些政策不仅推动了传统文化产业的数字化转型，还加速了数字文化、文化创意设计、文化遗产保护等新兴领域的发展，提升了文化产业的国际竞争力和可持续发展能力。

2. 要注重发挥市场机制的作用

市场机制在文化产业中同样发挥着重要作用，能够确保资源在文化产业的各个领域间高效流动。通过市场竞争，激发文化企业的创新活力，推动文化内容创作、传播和消费的多元化发展。文化企业在追求利润最大化的过程中，不断优化文化产品和服务质量，提升生产效率，促进文化科技融合与产业升级。同时，市场机制通过价格信号反映消费者的文化需求和资源稀缺性，引导文化企业调整生产策略，开发符合市场需求的文化产品和服务，适应市场变化，实现文化产业的可持续发展。

3. 要注重产业政策与市场机制的协同

在文化产业领域，理想状态下，文化政策与市场机制应相互配合，形成推动文化产业发展的双重动力。政府通过文化政策提供方向性引导和必要的支持，同时为市场机制的有效运作创造良好的外部环境。市场机制则在政府设定的基本框架内发挥自我调节作用，确保文化资源的高效配置和公平分配。在文化产业现代化进程中，如何平衡文化政策与市场机制的关系，避免过度干预市场，已成为一个关键议题。政府需要精准识别文化产业发展的核心问题，设计合理的政策工具，同时充分激发市场的活力与创新能力。只有这样，才能促进文化产业的健康发展，实现文化经济的持续增长和社会文化的全面繁荣。

第二节　科技引领文化产业链现代化的基本框架

文化产业链现代化，需要科技赋能，特别是在大数据、智能化时代，科技的作用更加突出。从全产业链来看，近年来，我国新闻信息服务、内容创作生产、创意设计服务、文化传播渠道、文化投资运营、文化娱乐休闲服务、文化辅助生产和中介服务、文化装备生产、文化消费终端生产等行业营业收入都实现较快速度的增长（见表2-1）。

表 2-1　2018—2022 年全产业链文化分行业营业收入情况

单位：万元

行业	2018 年	2019 年	2020 年	2021 年	2022 年
新闻信息服务	108154271	94705257	112968427	158442671	164733580
内容创作生产	231853889	256004591	274883451	324193384	331933034
创意设计服务	213752328	254249220	276077994	319573016	317751334
文化传播渠道	134910849	171869414	165572697	171317822	172060257
文化投资运营	10931738	13509105	12275323	13261272	13528534
文化娱乐休闲服务	34895782	38342249	31716396	36304688	34028021
文化辅助生产和中介服务	207868035	213416819	203894387	240772249	239789753
文化装备生产	101216307	73416094	69462767	78128204	77558177
文化消费终端生产	258273592	234738773	243194535	296046211	303638159

资料来源：国家统计局编《中国统计年鉴 2023》，中国统计出版社，2023。

一　科技与文化产业链现代化的"三大关系"

　　文化为魂、平台为体的主次关系得以重新确立，科技依托其强大的资源整合能力，突破了平台"垄断"压力，内容消费成为主导产业链的关键，消费者"用脚投票"的决定性作用得到发挥。创新成为产业链现代化的必然选择，跨越时空的新型消费关系成为产业链现代化的基本逻辑，基于互联网的多层次文化解读，有效增加了对消费者的吸引力。文化的核心地位和平台的物理存在之间的主从关系正在重塑，这种重塑得益于科技的显著资源整合能力，它已经突破了传统平台可能存在的"垄断"局面。在这种新的经济环境中，内容消费不再仅仅是产业链的一个环节，而是变成了驱动整个产业链发展的关键因素。消费者行为在这一过程中扮演着决定性的角色。通过所谓的"用脚投票"，即通过消费者的选择和购买行为，市场得以对不同的产品和服务进行筛选，从而影响产业链的发展和创新方向。这种市场机制确保了产业链的现代化必须以创新为前提，因为只有不断创新，企业才能在竞争激烈的市场中获得优势。此外，随着新型消费关系的出现，企业跨越了时间和空间的限制，形成了产业链现代化的基本逻辑。这种基于互联网的新型消费关系，通过多层次的文化解读，增强了对消费者的吸引力。这表明，文化的多样性和深度解读对于吸引和保持消费者的兴趣至关重要。

二 科技引领文化产业链现代化的"四大突破"

在当前的经济背景下，科技已经成为推动文化产业链现代化的关键力量。这种推动作用主要体现为"四大突破"。

1. 文化资源配置的突破

科技使得文化资源的配置从简单的有无限制转变为基于优劣导向的选择，现代信息技术引导文化资源跨越地域限制在有需求的目的地扎根。这意味着，通过科技手段，我们可以更精准地识别和利用优质的文化资源，而不是仅仅依赖于资源的可用性。

2. 产品和服务的突破

科技使得产品和服务能够突破时空限制，实现从有形到无形的转变。例如，智能穿戴设备等科技成果让消费者可以"身临其境"地进行消费体验。这不仅改变了消费者的消费方式，也为文化产业提供了新的发展机遇。

3. 参与主体身份的突破

科技使参与主体身份突破单一限制，向生产、消费、传播多领域拓展。例如，社交媒体的"朋友圈"功能让消费者不仅是消费者，还可以成为销售者；而订单化的消费模式则让消费者参与到文化创意产品的设计过程中，从而成为生产者。

4. 数据资源的突破

科技使得数据资源能够突破静态限制，实现从数据到资产的转变。大数据挖掘技术的应用让文化产业的生产、流通、消费全过程的数据成为有价值的资源，并得到有效的开发和利用。这种数据驱动的模式不仅提高了产业链的效率，也为文化产业的创新提供了新的思路。

综上所述，科技在文化产业链现代化中发挥着引领作用，通过实现文化资源配置、产品和服务、参与主体身份以及数据资源的突破，为文化产业的发展提供了新的动力和方向。这些突破不仅改变了文化产业的发展模式，也为消费者带来了更加丰富和深入的消费体验。因此，我们应该充分认识到科技在文化产业链现代化中的重要性，并积极推动其在实践中的应用和发展。

三　科技引领文化产业链现代化的新任务

在数字经济新时代，以数据为代表的科技力量深度渗透，引致文化产业的需求端、供给端和配套服务领域的变革，衍生出新的价值和服务模式，加速了文化产业链现代化。为契合数字经济运行的新逻辑，应优化资源配置、优化市场环境、增强产业发展动能、增加文化有效供给、推进供需对接，使实现"两优化、两增强、一对接"的新任务成为主旋律。

1. 优化资源配置

科技能够提高资源开发利用的效能，从而为文化产业链现代化提供更加高效和精准的服务。这需要完善基础性制度体系，包括建立健全数据共享机制、加强知识产权保护等，以确保资源要素的合理配置和有效利用。

2. 优化市场环境

科技有助于构建公平竞争的市场环境，强化社会信用体系建设，提升文化产业的市场竞争能力。这需要政府加大对知识产权保护的力度，打击盗版和侵权行为，同时也需要企业自觉遵守法律法规，树立诚信经营的理念。

3. 增强产业发展动能

数字技术的应用能够有效激发投资活力，形成现代化新动能。政府可以依托数字技术开展精准招商，服务项目落地投产，以吸引更多优质项目入驻；企业则应积极拥抱数字化转型，通过技术创新和管理创新提高自身竞争力。

4. 增加文化有效供给

适应新消费需求，提升产品和服务的质量是关键。这包括引导新业态做大规模、强化品牌发展满足个性化需求、提升公共服务能力等。只有不断推陈出新，满足消费者多样化的需求，才能在激烈的市场竞争中立于不败之地。

5. 推进供需对接

以供给引致需求，以需求创造供给，实现供需之间的良性互动。这需要加强市场调研和数据分析，及时了解消费者的需求变化，调整产品和服务策略；同时也需要注重营销和宣传，提高消费者对产品和服务的认知度和满意度。

综上所述，科技在文化产业链现代化中发挥着重要作用。我们需要从优化资源配置、优化市场环境、增强产业发展动能、增加文化有效供给以及推进供需对接等方面入手，全面推动文化产业链的现代化进程。在这个过程中，政府、企业和消费者都需要发挥积极作用，共同推动文化产业的发展和繁荣。

四 科技引领文化产业链现代化的实现路径

随着数字技术的飞速发展，科技已经成为推动文化产业链现代化的关键动力。在文化产业链现代化的进程中，我们需要解决一系列难题，包括各部门间的协作、要素整合、优势企业培育、特色文旅产品创新、核心竞争力提升以及产业链运行机制的完善等。为了实现科技引领文化产业链现代化，我们可以遵循"六抓六增强"的发展思路。

1. 抓要素投入-整合-提升，全面增强文化产业链资源配置能力

这意味着要充分利用数字化技术，打破资源"孤岛"，促进要素流动、示范带动和合作联动。通过整合各类文化资源，提升其在产业链中的价值，从而提高整个产业链的资源配置效率。

2. 抓营商环境-法治环境-政策环境-信用环境，全面增强文化产业链市场吸引力

这需要全方位推进发展环境的优化，降低产业链现代化的成本。具体措施包括简化行政审批流程、加强知识产权保护、提供优惠政策支持以及建立健全信用体系等。

3. 抓技术链-价值链-供应链-产业链，全面增强发展动能

这需要聚焦文化产业链的发展需求，确保产业链供应链的安全，同时注重产品研发、质量提升、性能改善和标准制定等方面的创新。通过技术创新驱动产业链升级，提高整体竞争力。

4. 抓理论研究-产品和服务升级-配套改善-公共服务能力提升，全面增强有效供给能力

这需要深度融合新一代信息技术，加快产品和服务的智能化、无人化转型，推动运营模式的全面升级和盈利模式的创新。同时，加强理论研究和实践探索，为文化产业链现代化提供有力的理论支撑和指导。

5. 抓产品国际化-资本国际化-人才国际化-市场国际化，全面增强供需对接能力

这需要积极抢抓全球市场机遇，扩大文化影响范围，实现经济效益和社会效益的统一。具体措施包括拓展海外市场、吸引国际资本、培养具有国际视野的人才以及开发适应国际市场需求的产品和服务等。

6. 抓数字经济-文化创意-旅游产业，全面增强一体化发展能力

这需要以深度融合为导向，实现文化产业链全过程、全领域、

全要素的深度耦合。通过数字技术的应用，推动文化创意与旅游产业的融合创新，打造具有特色的文化旅游产品和服务。

综上所述，科技引领文化产业链现代化是一个系统工程，需要从多个方面入手并持续推进。通过"六抓六增强"的发展思路，我们可以不断提升文化产业链的资源配置能力、市场吸引力、发展动能、有效供给能力、供需对接能力以及一体化发展能力等。在这个过程中，政府、企业和社会各界应共同努力，形成合力，推动文化产业链现代化。

第三节　国外"科技+文化"融合发展的模式与成效

随着经济全球化、服务信息化、文化多样化的变革与发展，人类的思维方式从牛顿思维方式转为量子思维方式，文化与科技的融合态势凸显，成为现代服务业创新的两翼和内在驱动力量。从微观层面看，新的文化产品和社交媒体不断产生，打破了传统文化产业的生产和生存逻辑，数字内容、虚拟现实、移动互联、智能终端、自媒体、大数据等以一种前所未有的便捷方式融入人们日常生活；从宏观层面看，推动文化与科技融合已成为各国提升文化软实力与竞争力的关键手段。联合国贸易和发展会议发布的《2021年世界投资报告（中文版）》指出，在应对疫情的复苏投资中，"实体的、数字的和绿色基础设施"是大多数国家的投资重点；2021年英国宣布将成立一个由首相直接牵头的"国家科学与技术委员会"以及由英国政府首席科学顾问领导的"科学与技术战略办公室"；2022年2月美国白宫发布的新版《关键和新兴技术（CET）清单》中包含高级计算、人工智能等广泛应用于文化领域的前沿技术。发达国家的种种举措表明，依托数字经济，积极开发智慧型、科技型、创意型的文化消费产品将是未来的重点发展领域,"科创+文创"正在成为主要国家争夺的产业制高点,甚至成为应对疫情的重要抉择,并在长期实践中形成了各具特色的运营模式。

一 国外"科技+文化"融合发展的模式

欧美国家"科技+文化"有相对成功的模式,在诸多方面有值得借鉴的经验。

1. 以韩国、日本为代表的政府主导型模式

政府通过"机构建设-战略引领-政策支持-生态优化"四位一体方式实现调控管理目标,带动科技与文化的深度融合。如韩国1994年文化体育观光部设立文化资产局负责管理文化产业事宜,2001年成立文化产业振兴院以统筹资金、平台与海外拓销管理工作。在融合战略上,韩国1998年确立"文化立国"战略,2010年提出了"文化强国(C-Korea)2010战略",文在寅任总统时期提出"以文化产业创新引领经济强国、文化强国"。支持政策同样不少,《文化产业促进法》明确推进文化、娱乐及内容产业的发展,《创新企业培育特别法》针对数字内容等新行业进行激励。在生态建设上,2014年开始陆续在全韩开设了16个文化类融合先导型实验室,2020年新冠疫情下,韩国文化体育观光部公布了12大课题,旨在创造"文化经济",打造有活力的文化生态。日本同样采取了类似的举措,如成立了科学、技术和创新委员会,以及具有法人资格的专门的技术转移机构(TLO)、科学技术振兴机构(JST)等,并从税收、法律、平台建设等方面给予支持。

2. 以英国、澳大利亚为代表的官民结合型模式

强调政府管控-市场竞争、官方组织-民间团体共同发力,采用经济杠杆与政府资金来促进科技与文化融合,有效地推动了文化创意产业持续繁荣。如英国为适应数字经济带来的挑战,2019年5月将文化、

传媒和体育部更名为数字、文化、传媒和体育部,进一步强化政府部门在文化与科技产业融合中的主导作用。政府成立的创意产业项目小组成员包括政府相关部门及民间组织,负责制定政策、提出目标以及统一管理经费,不执行具体事务。非政府文化管理机构和大型文化事业性的单位,负责具体监管文化政策的落实、分配或使用文化经费。澳大利亚设立了总理科学工程创新董事会(PMSEIC)、科学技术协调委员会(CCST)、各有关部门和机构组织等多层次的科技创新组织。2016年联邦政府成立创新和科学澳大利亚理事会(ISA),2018年该组织发布了《澳大利亚2030——创新促进繁荣》,有效发挥了官方的引导作用,但在相关领域,民间力量甚至超过政府组织。如在科技奖励方面,澳大利亚民间层面奖项的数量和种类繁多,已成为其科技奖励体系中的主体构成,由多个层面共同颁发的"澳大利亚博物馆尤里卡奖"等奖项声名显赫。

3. 以美国为代表的政府引导型模式

在此种模式中,政府主要是通过完善法律环境、营造良好的社会氛围等,弥补市场机制的不足。如为了适应数字化时代对美国版权产业发展的要求,美国积极实施数字化版权保护战略。《千禧年数字版权法》针对数字技术和网络环境的特点,对美国版权法做了重要的补充和修订,为大众和版权产业界提供数字化版权保护。美国国家人文基金会专门设立"数字人文办公室",主要目的在于推动数字人文实践项目发展,并于2009年将此机构升级为永久性机构。美国各州也都设有负责文化艺术项目经费审批的文化艺术理事会。在数字人文办公室的支持下,斯坦福大学、南加利福尼亚大学、马里兰大学等多所著名高校成立了数字人文研究中心。美国商业软件联盟(BSA)是由美国民间软件企业自发组织形成的机构,共计41家会员,其通过与目标地区政府部门以及相关协会合作,维护美国文化产品在科技方面的绝对优势地位。

二 国外"科技+文化"融合发展的成效

国外"科技+文化"融合发展带来的成效明显,主要体现在三个方面。

1. 带动先进制造产业链发展

文化新业态的涌现要求智能穿戴设备制造、娱乐用智能无人飞行器制造、其他智能文化消费设备制造等先进的文化装备制造业与之相匹配。在元宇宙(虚拟现实)领域,带动了智能穿戴设备制造业的发展。高通首席执行官安蒙在2021年投资者日(11月16日)表示,美国Facebook的母公司Meta在过去18个月里已经售出了1000万台左右的头戴式设备,包括字节跳动、索尼和Snap在内的许多二线科技公司都在销售或开发自己的眼镜。这些智能穿戴设备又带动了相关企业对高性能计算芯片、硅基OLED、传感器等领域的布局,瞄准智能穿戴设备制造业产业链、价值链的高端。在数字媒体产业领域,数字广播带动了智能音箱行业的发展。亚马逊、谷歌、百度、苹果等厂商纷纷抢占全球智能音箱行业市场。从产业链来看,智能音箱的兴起又带动了芯片、电声器件、射频器件、金属结构件等芯片厂商、零部件厂商的布局。在数字电竞产业领域,数字电竞产业为CPU、显卡、主板、内存、声卡、固态硬盘、显示器等电竞硬件开辟了新的市场红海。如英伟达的芯片备受众多电玩爱好者喜爱,这些玩家甚至愿意花比买笔记本电脑还要高的价钱购买元件以加强设备表现,这也让英伟达得以成为市场霸主。

2. 促进先进制造业底层技术研发

以元宇宙领域为例,各厂商正加大投资规模,加快技术革新。美国大公司在元宇宙领域,在基础技术和设施方面敢于投入,从最难的部分做起,从不容易变现的部分做起。元宇宙入口、备受关注的VR/AR设备技术研发竞争日益加剧。日本经济新闻与专利调查公司Patent

Result 对美国公开的 VR/AR 专利进行了调查后得知，微软 VR/AR 相关专利竞争力居于首位；成立于 2010 年，获得 NTT DoCoMo、谷歌等企业投资的 Magic Leap 居于第 2 位；索尼 VR/AR 专利竞争力居于第 3 位；苹果、高通、Meta 分别居于第 4—6 位。图形显卡企业英伟达不断突破显卡性能顶峰，每年的研发投入超过了营收总额的 20%，每 6 个月性能就增加一倍。

3. 提升对外文化贸易水平

根据联合国贸易和发展会议发布的《2017 年世界投资报告》，"科创+文创"正在成为主要国家争夺的产业制高点。许多发达国家和新兴经济体依托数字经济，积极开发智慧型、科技型、创意型的文化消费产品。如在英国专业性沉浸式公司的沉浸式产品和技术出口的全部市场中，美国市场占 35%，欧洲市场占 27%，中国市场占 4%，中东市场占 2%，东南亚市场占 2%。

第四节　国内"科技+文化"融合发展的基本模式与效应

2012 年颁布的《国家文化科技创新工程纲要》指出，要逐步探索建立一套适用于评价文化科技发展速度、发展水平、发展潜力以及投入产出效益的指标体系。按照六部门印发的《关于促进文化和科技深度融合的指导意见》的要求，在地方层面，推进"科技+文化"融合发展，呈现出"北上广深杭先行一步，中西部地区加速赶超的格局"。上海、深圳、杭州均采用了类似于政府主导型的发展模式，但三个城市在具体政策的运用上又做到了因地制宜，充分考虑本土特色资源。

一　国内"科技+文化"融合发展的基本模式

在我国，随着城市发展理念的变化，越来越多的城市开始重视文化功能，深圳、重庆、武汉等市纷纷提出了建设文化强市的目标。尤其在党的十七届六中全会首次提出"文化强国"后，更多的城市加入"文化强市"建设阵容中。进入新时代，在贯彻落实习近平文化思想进程中，深圳等地更是提出建设现代文明之城的奋斗目标。

文化强市是一个内涵丰富、与时俱进的动态概念，对于其内涵与外延的认识尚存在一定的争议。打造文化强市，是一个城市绕不开的课题，李小甘指出，区域间的竞争，归根到底是文化的竞争，城市间的较量归根到底是文化的较量[1]。倪宗新指出，一个文化强市，应该是文化资源大市、文化开发大市、文化品牌大市、文化产业大市[2]。王佳宁、叶丹、黄庆华指出，重庆市稳妥推进文化领域简政放权、构建公共文化服务大网络、支持并完善文化产业门类、构建文物和非遗保护格局等，种种举措因应了经济学、管理学、心理学等相关经典理论，使得文化政策的制定和落实更具科学性和可持续性[3]。

基于上述认识，笔者认为，文化强市是一个综合了经济、社会、政治、文化和生态领域内涵的概念，是文化更好融入"五位一体"总体布局的表现，是现代化建设的重要内容。因此，新时期的文化强市升级版是基于习近平新时代中国特色社会主义思想的城市管理新理念、新思路，是贯彻落实"五位一体"总体布局的重要举措。

1. 上海："平台+资金"促进科技与文化融合

上海市政府在产业政策和规划的制定上，注重张江国家级文化和科技融合示范基地建设以及多样化金融产品和服务方案的开发，并致力于推进产业的国际化发展。如在《上海市关于促进文化和科技深度融合的实施意见》中的主要目标就是：到2025年，力争建成5家以上

---

[1] 李小甘：《奋力建设全球区域文化中心城市和国际文化创新创意先锋城市》，百家号，https://baijiahao.baidu.com/s?id=1633049603067757281&wfr=spider&for=pc。
[2] 倪宗新：《论文化强市发展战略》，《经济体制改革》2002年第6期。
[3] 王佳宁、叶丹、黄庆华：《文化强市视野的重庆实践、理论溯源与基本判断》，《重庆社会科学》2016年第3期。

国家文化和科技融合示范基地，10家左右全国文化和科技融合领军企业，创建10个上海市级文化科技融合重点实验室，打造一系列体现国际文化大都市特色的文化科技融合创新示范工程，使文化和科技融合成为文化高质量发展的重要引擎。上海市鼓励文化类科技企业申报认定本市专精特新企业、"小巨人"企业、高新技术企业，对申报中小企业发展专项资金的企业给予优先支持，并积极落实文化类高新技术企业所得税优惠、研发费用加计扣除政策。

2. 深圳："战略+机制"促进科技与文化融合

深圳作为年轻的经济特区，文化基础相对较为薄弱，这既是深圳文化科技融合的障碍，也成了深圳大胆创新的重要动力。深圳市政府一方面制定具有前瞻性的战略发展规划，另一方面充分发挥政策优势，努力消除阻碍文化产业发展的体制机制障碍。如长期以来，深圳在积极实施"文化立市"发展战略的同时，大力促进文化与科技的深度融合。《深圳市文化产业高质量发展规划（2021—2025）》将"科技+文化"作为深圳市"十四五"期间文化产业高质量发展的两大核心动能之一。深圳市南山区是全国最早提出"文化+科技"文化产业发展模式的城区，在推动文化产业多元化深度跨界融合发展方面先行先试，利用高新技术推动文化创意产业由传统模式向以数字、创意为特征的现代模式转变，打破边界，融合创新。如南山区在文化企业发展和园区建设、科技创新赋能传统文化、推动"文化+科技"向"文化×科技"转变、"部门联动+专项资金"等方面积极探索，形成了文化科技产业服务的新机制。

3. 杭州："组织+生态"促进科技与文化融合

杭州市比较注重政府各相关部门和各文化创意产业集聚区之间的统筹协调，成立了杭州建设国家级文化和科技融合示范基地领导小组及办公室，积极促进文化与科技的融合和转化，形成了一批国家级的优秀集聚区和文化创意产业精品。如杭州充分依托杭州国家高新技术产业开发区建设，积极整合旧厂房、旧仓库、农居等资源，以创意科技成果转化、高新技术企业孵化、创新创业人才集聚与培养为方向，加快文化创意产业园区建设。目前，杭州市 16 个市级文化创意产业园区中，之江文化创意园、西湖数字娱乐产业园、乐富智汇园三个园区先后获得了"国家数字娱乐产业示范基地""国家大学科技园""国家级科技企业孵化器""国家高新技术创业服务中心""全国优秀高新技术产业园区""浙江省科技企业孵化器"等荣誉称号。由杭州原先的陶瓷品市场仓库，以及部分老厂房、老农居改造而成的杭州山南国际设计创意产业园，目前已成为文创和金融投资两大产业集聚区。白马湖生态创意城坐拥 8000 年跨湖桥文化和 5000 余亩山林湖泊，已成为以动漫游戏、设计服务、现代传媒、文化会展为主导的文创产业集聚区。西溪创意产业园区已形成以剧本创作、影视拍摄与制作、电影发行、院线放映为主要特色的文化产业格局。

二　国内"科技+文化"融合发展的效应

国内"科技+文化"融合发展的效应更为明显，具体而言，可以从四个方面来考察。

1. 助力文化装备制造智能升级

"科技+文化"催生的新业态新场景不断创造新消费新需求。新消费新需求又推动文化装备及其解决方案不断更新迭代，从而适应新技术新业态发展。如伴随着 VR/AR、裸眼 3D、全息投影、交互投影等技术的发展，文化体验装备不断升级，应用场景不断拓展。在交互体验设备方面，一些公司推出了空间裸眼虚拟显示器 ELF-SR1，用户无须佩戴任何设备，通过眼动追踪技术就可以渲染逼真的 3D 对象。在新一代投影设备方面，运用全息投影、投影映射、多媒体设备可以打造定制化、沉浸式夜游体验。

2. 助力实体经济提质增效

文化科技融合将文化内涵、美学设计、创意元素通过科技手段植入其他行业提升附加值，或利用文化科技手段改进实体经济运行流程、模式，有效促进实体经济提质增效。如广东佛山的家电、家具、食品、珠宝等在传统制造工艺基础上，融入高新技术和现代文化创意元素，推动传统产业向创意设计方向升级。"短视频+直播"这一新型文化业态与传统行业结合，在传统行业中融入互联网新要素，能够更新和提升传统行业发展模式。

3. 助力终端技术更新迭代

如为提升短视频、数字影视等新业态的传输、播放品质，不断促进大带宽、大连接、低时延的技术革新。为推动各类沉浸式体验、AI人工智能设备和场景的大规模应用，需要建设以深度应用互联网、大数据和人工智能等技术为核心的融合基础设施。为推动尖端智能型文化产业发展，我国在2017年开始实施的《新一代人工智能发展规划》指出，到2025年不仅要在算法推荐、硬件研发、场景应用方面达到世界领先水平，而且要在人工智能基础理论层面实现重大突破。

4. 助力我国文化产业出口结构优化

尽管过去我国的文化产业出口总额和国际市场占有率不断攀升，但文化用品、工艺美术品及收藏品、出版物等附加值较低的文化产品出口增长较快，而科技含量高的高附加值产品竞争优势相对较弱。"科技+文化"融合丰富了文化产业的内容和形式，而高科技产品的定位，又使它们更容易获得年轻一代认同，突破因文化背景差异，文化产品不被其他地区受众认同或理解，而导致其价值的降低。如羊城晚报报业集团主办的"云上岭南"文化博览会覆盖全球五大洲25个主要国家和地区，通过"视频+直播+文图报道+线上展示"方式传播岭南文化，助力中华文化走出去。广东番禺区通过发展"文化+演艺""文化+数字""文化+设计"，分别打造了世界一流灯光音响产业、游戏出海实力强区、珠宝首饰定制之都。

第三章　科技与优秀传统文化

文化需要创新，创新是文化发展的生命力。2021年，习近平总书记在"七一"重要讲话中提出"坚持把马克思主义基本原理同中国具体实际相结合、同中华优秀传统文化相结合"的重大理论观点[①]。2023年6月2日，习近平总书记在文化传承发展座谈会上的重要讲话中重申，"在五千多年中华文明深厚基础上开辟和发展中国特色社会主义，把马克思主义基本原理同中国具体实际、同中华优秀传统文化相结合是必由之路"[②]。中华优秀传统文化传承创新持续获得重视。中华优秀传统文化是博大精深的中华文化与中华文明演进过程中淬炼而成的璀璨结晶，兼具传统性与现代性，必须有效衔接时代需求，才能永葆生机活力。调研发现，当前传统文化开发利用存在聚焦不足、联动不够、谋划不全、路径不畅等问题，建议依托科技手段，以链条思维、共生理念、未来概念、创新追求"用活"优秀传统文化，赋能中国式现代化。

第一节　优秀传统文化高效开发
利用的时代价值

中国的传统文化博大精深，蕴含着丰富的历史智慧和道德理念，

[①] 《把马克思主义基本原理同中国具体实际相结合》，人民网，http://theory.people.com.cn/GB/n1/2021/0713/c40531-32156106.html。

[②] 习近平：《在文化传承发展座谈会上的讲话》，人民出版社，2023，第5页。

是中华民族精神的重要载体。然而，随着全球化的加速和信息时代的到来，传统文化面临着被边缘化和遗忘的风险。因此，利用现代科技手段对传统文化进行保护、传承和创新变得尤为重要。2016年5月，习近平总书记在哲学社会科学工作座谈会上强调："要加强对中华优秀传统文化的挖掘和阐发，使中华民族最基本的文化基因与当代文化相适应、与现代社会相协调。"[①] 习近平总书记在陕西考察绥德非物质文化遗产陈列馆时强调，要坚持以社会主义核心价值观为引领，坚持创造性转化、创新性发展，找到传统文化和现代生活的连接点，不断满足人民日益增长的美好生活需要。在新的历史条件下，要注重挖掘、传承中华优秀传统文化。

一 有助于弘扬社会主义核心价值观，推动学习贯彻习近平新时代中国特色社会主义思想走深走实

社会主义核心价值观是指在社会主义初级阶段，引领人们行为准则、评价标准和理想追求的基本价值理念。依托科技手段推进优秀传统文化开发，对于弘扬和实践社会主义核心价值观、推动学习贯彻习近平新时代中国特色社会主义思想走深走实具有重大促进作用。

1. 传统文化促进经济发展模式的优化

老子《道德经》倡导的"人法地，地法天，天法道，道法自然"、《庄子·齐物论》倡导的"天地与我并生，而万物与我为一"、《论语·述而》倡导的"钓而不纲，弋不射宿"、《春秋繁露·深察名号》倡导的"天人之际，合而为一"等理念，对于当今推进经济社会持续健康发展仍具有重要的意义。经济增长不仅要追求GDP的提高，还要注重发展质量和效益，实现绿色发展、循环发展和低碳

[①] 《习近平关于社会主义精神文明建设论述摘编》，中央文献出版社，2022，第221页。

发展。这样的发展模式有助于实现社会主义核心价值观中的和谐与文明，也体现了习近平新时代中国特色社会主义思想中关于美丽中国建设的要求。以科技推进这种文化思想的宣传，让更多尊重甚至崇拜优秀传统文化的中国人了解这种思想，将会让经济社会发展更加和谐。

2. 传统文化提升财富分配的公平性

《礼记》所描述的"老有所终，壮有所用，幼有所长，矜寡孤独废疾者，皆有所养"，需要通过财富分配来实现。孟子所设想的"井田制"即"余夫二十五亩。死徙无出乡，乡田同井。出入相友，守望相助，疾病相扶持，则百姓亲睦。方里而井，井九百亩，其中为公田。八家皆私百亩，同养公田"，追求"有恒产者有恒心"。这些财富分配的传统观念在当今社会仍然值得借鉴。依托科技手段，推进这些文化思想贯穿到税收、社会保障等经济政策工具中去，缩小收入差距，提高社会福利水平，使得所有人都能共享改革发展的成果。这有助于实现社会主义核心价值观中的公正和平等，也是习近平新时代中国特色社会主义思想中关于共同富裕的目标。

3. 传统文化引导企业社会责任的强化

古代有商人重视社会责任的履行，康熙《徽州府志》卷十五《人物志四·尚义传》载，清初婺源商人戴公选，"贾湘汉间。顺治丁亥岁大祲，输资运米以赈，全活甚众。逋券盈匮，贫不能偿者悉焚之"。《清盐法志》卷一百五十四《杂记门二·捐输二·助赈》记载："乾隆三年十月盐政三保奏：据众商以扬郡被旱，愿设八厂煮粥，自本年十一月起至次年二月止，共捐银十二万七千一百六十六两有奇；又商人汪应庚独捐银四万七千三百一十两有奇，请给议叙嗣子。"民国《歙县志》卷九《人物志·义行》载，鲍志道之子鲍漱芳在嘉庆十年（1805）夏季洪泽湖涨水决堤时，集议公捐米六万石用于赈灾，"是年，淮黄大水，漫溢邵伯镇之荷花塘，漱芳倡议仍设厂赈济，并力请公捐麦四万石展赈两月，所存活者不下数十万人"。民国《歙县志》卷九《人物志·义行》又载，清朝乾隆年间的徽州大盐商鲍光甸，"幼通经艺，长住扬州营盐策，性俭约而乐于济人……凡有匮乏者，告必应"，先后多次投资"治坏道，葺废桥"。《明清徽商资料选编》载，两淮盐商汪洪"业鹾于海上，积帛赢金，至累巨万"，"佐城筑，修桥道，构路亭"。用科技的手段将这些善人善举挖掘出来，宣传出来，无疑有助于鼓励企业在追求经济效益的同时，承担起社会责任，关注环境保护、员工权益和社区发展。企业的这种行为不仅有助于塑造良好的企业形象，也有助于推广社会主义核心价值观中的诚信和友善。

4. 传统文化强化消费者权益的保护

《礼记》记载："五谷不时，果实未熟，不鬻于市。"古代中国也重视消费者权益，周朝立法打击假冒伪劣产品，《礼记·王制》中规定："用器不中度，不鬻于市；兵车不中度，不鬻于市；布帛精粗不中数、幅度狭不中量，不鬻于市；奸色乱正色，不鬻于市。"唐朝对食品安全进行严格规定并实行有条件退货，唐《通典》记载："布帛皆阔尺八寸、长四丈为匹，布五丈为端，绵六两为屯，丝五两为绚，麻三斤为综。"宋朝设立行会把控商品质量，《宋刑统》规定，售卖腐烂变质食品，导致食客中毒或患病者，劳改一年，并全额赔偿医药费；若食客死亡，处售卖者绞刑，家产一半充公，一半赔偿给死者家属。明清两朝也有市场管理措施。古代这种保护消费者利益的文化，至今仍具有借鉴意义。通过立法和监管，保护消费者权益，倡导理性消费和绿色消费，这不仅有助于增进消费者的福祉，也是社会主义核心价值观在市场经济中的具体体现。

5. 传统文化助力当今文化产业的发展

中国古代对"文化"的释义为"观乎人文，以化成天下"，中国古代文化作品影响深远，如李白的《将进酒》、苏轼的《念奴娇·赤壁怀古》、山水画《千里江山图》、花鸟画《芙蓉锦鸡图》等都是中国经典之作。传承、弘扬这种精品力作的创作精神，对于推进当今文化产业发展意义重大。文化产业不仅是经济增长的新动力，也是传播社会主义核心价值观的重要载体。通过电影、电视、网络等媒介，创作和推广富有中国特色、中国风格、中国气派的文化产品，有助于提升国民的文化自信和国家的文化软实力。2019年腾讯研究院发布的《国风重光·国风游戏发展研究报告——中国传统文化在游戏领域的转化与创新》称，国风游戏市场已超300亿元，累计2300多款游戏作品，用户超过3亿人，是中国游戏市场不可忽视的一部分。

综上所述，经济手段在弘扬社会主义核心价值观、推进习近平新时代中国特色社会主义思想走深走实中发挥着至关重要的作用。实施上述措施，可以有效地将社会主义核心价值观融入经济社会发展的各个方面，使之成为推动社会发展的强大精神力量，为实现中华民族伟大复兴的中国梦提供坚实的价值支撑。优秀传统文化蕴含红色革命精神等积极元素，是被中华儿女接受并长期激励中华儿女担当有为的精神图谱。深入浅出讲清楚、讲明白、讲透彻优秀传统文化的时代价值，让老百姓听得懂、能领会、可推广，既能为优秀传统文化实践奠定深厚群众基础，也能为弘扬社会主义核心价值观、学习贯彻习近平新时代中国特色社会主义思想提供强大动力。

二 有助于实施中国式现代化战略，推进中华民族伟大复兴

改革创新是优秀传统文化的关键内核。实施中国式现代化战略，意味着要在坚持社会主义制度的基础上，探索一条符合中国国情的现代化道路。这条道路不仅要实现经济的快速发展，还要确保社会的全面进步和文化的繁荣兴盛。科技与传统的结合，正是这一战略的重要组成部分。科技创新可以使传统文化焕发新的活力，成为推

动社会进步的重要力量。

悠久的历史既展示了优秀传统文化的底蕴，也增强了建设的信心，道县玉蟾岩的陶器与水稻成为新石器时代最鲜亮的标志。高庙文化中的白陶和白陶上的纹饰图像是湖南史前的辉煌创造，为中国信仰与观念的产生提供了重要实物证据。澧阳平原史前文化连续稳定的发展模式，为理解中华文化和中华文明绵延不绝提供了重要参考。城头山史前古城率先迎来中华文明的第一缕曙光。

在新的历史时期，"新技术、新产业、新业态、新模式"深刻影响经济社会发展。顺应发展趋势，把握发展规律，推动优秀传统文化内核以当代能被理解接受的方式呈现出来，有利于转变为当今时代发展谋划者、建设者、参与者的思想指南和行为准则。

具体而言，科技可以从以下几个方面促进传统文化的开发利用。文化遗产保护：利用3D打印、虚拟现实等技术对文物进行复原和模拟，使文化遗产得以更好地保存和展示。文化教育普及：通过网络平台和移动应用，将传统文化知识以互动和趣味性的方式传递给青少年，激发他们对传统文化的兴趣。文化创意产业：结合大数据、云计算等技术，分析市场需求，开发具有传统特色的文化产品和服务，推动文化产业的发展。国际文化交流：利用数字媒体和网络平台，将中华文化推向世界，提升中华文化的国际影响力。此外，推进中华民族伟大复兴，还需要增强国民的文化自信。科技可以帮助人们更好地理解和欣赏本民族的文化，增强文化自豪感和归属感。

综上所述，科技与传统文化的结合，不仅有助于实施中国式现代化战略，推进中华民族伟大复兴，还能够在全球范围内提升中华文化的影响力，展现中华民族的智慧和魅力。通过科技创新，我们可以让传统文化在新时代焕发出新的光彩，为实现中华民族伟大复兴贡献力量。

三 有助于筑牢"思想防线",提升中华文化全球影响力

以全球视野谋划发展,加快融入"一带一路",既要经受得住外部思潮"巨浪"的冲击,也要不断提升自身软实力。"实事求是""经世致用"等思想内容均以优秀传统文化为根基,岳麓书院、毛泽东故居等优秀传统文化重要承载地更是国内外游客的"打卡"地。高效开发利用优秀传统文化,必能为改革开放高地聚人气、扬正气。

首先,科技能够为传统文化的保护提供强有力的技术支持。随着数字化、网络化、智能化技术的发展,我们可以通过高清扫描、3D建模、虚拟现实等技术手段,对传统文物、古迹进行数字化保护。这不仅能够为传统文化的长期保存提供可能,还能让更多人通过互联网平台了解和接触到这些文化遗产,从而增强民族文化认同感和自豪感。

其次,科技可以促进传统文化的创新传播。通过新媒体、社交平台等渠道,结合动画、游戏、短视频等形式,将传统文化以更加生动、有趣的方式呈现给公众,尤其是年轻一代。这种创新的传播方式不仅能够吸引更多人的关注,还能够激发他们对传统文化的兴趣和探索欲望,从而有助于传统文化的传承和发展。

再次,科技有助于提升传统文化的国际影响力。在全球化的背景下,文化交流日益频繁,传统文化的对外传播显得尤为重要。借助科技手段,如多语种翻译技术、国际在线展览等,可以将中国的传统文化推向世界,让世界各地的人们更加直观、深入地了解中华文化的博大精深。这不仅有助于提升中华文化的全球影响力,还能够促进文化的交流互鉴,增进不同国家和民族之间的相互理解和尊重。

最后,科技还能够助力传统文化产业的转型升级。借助大数据分析、人工智能等技术,可以对传统文化市场进行精准分析,发现

潜在的消费需求和市场机会。同时，科技还能够提高传统文化产品的生产效率和质量，推动传统文化产业的创新发展。

综上所述，科技在促进传统文化开发利用方面发挥着至关重要的作用。它不仅能够为传统文化的保护提供技术支持，还能够促进传统文化的创新传播，提升其国际影响力，并助力传统文化产业的转型升级。在新时代背景下，我们应该充分利用科技手段，深化对传统文化的认识和理解，探索传统文化与现代科技相结合的新路径，以此筑牢"思想防线"，提升中华文化的全球影响力，为实现中华民族伟大复兴的中国梦贡献力量。

第二节　优秀传统文化高效开发利用亟须科技赋能

习近平总书记指出："要推动中华文明创造性转化、创新性发展，激活其生命力，让中华文明同各国人民创造的多彩文明一道，为人类提供正确精神指引。"[①] 在文化传承发展座谈会上，习近平总书记明确提出："只有全面深入了解中华文明的历史，才能更有效地推动中华优秀传统文化创造性转化、创新性发展，更有力地推进中国特色社会主义文化建设，建设中华民族现代文明。"[②]比照习近平总书记的要求，优秀传统文化开发利用还存在诸多不足，需要依托科技创新，推进开发利用模式转变、手段更新。特别是，随着全球化的加速和信息时代的到来，传统文化面临着被边缘化和遗忘的风险。因此，利用现代科技手段对传统文化进行保护、传承和创新变得尤为重要。例如，通过数字化技术，我们可以对历史文献、艺术品和遗址进行高精度扫描和三维重建，使得研究者能够在不破坏原物的

[①] 《习近平谈治国理政》第二卷，外文出版社，2017，第340页。
[②] 习近平：《在文化传承发展座谈会上的讲话》，人民出版社，2023，第1页。

情况下进行研究。此外，大数据分析可以帮助我们从海量的历史资料中提取有价值的信息，揭示文化现象背后的规律和趋势。

一 理论研究-实践应用-深度开发全链条聚焦不足

在探讨科技如何促进传统文化的开发利用时，我们不得不面对一个现实困境，即在理论研究-实践应用-深度开发全链条上的聚焦不足。这一问题的存在，不仅限制了传统文化资源的有效利用，也影响了科技与传统文化结合的深度和广度。

1. 研究领域还不够全

当前，各地文化理论研究主要聚焦儒家精英、红色人物等领域，对科、教、文、卫、商等社会群体人士以及少数民族精英的介绍还不够，如建立濂溪书院（湖南民族地区第一座书院）却鲜为人知的湘籍苗族名儒吴鹤。尽管近年来关于传统文化与科技结合的研究逐渐增多，但这些研究往往停留在宏观层面，缺乏对具体领域和案例的细致探讨。理论研究的深度和广度不够，导致我们对于如何在实际操作中将科技手段应用于传统文化的保护、传承和创新传播缺乏清晰的指导和认识。此外，理论研究与实践需求之间存在脱节问题，研究人员与实际工作者之间的交流不足，使得研究成果难以转化为实际可行的操作方案。

2. 文化实践还不够深

近年来文化场馆硬件投入大、更新快，但主要功能大多停留在对史实的简单介绍，尚未全方位、多层次、立体化剖析史实背后的优秀传统文化特质。例如，雷锋纪念馆的宣传展板虽然详细介绍了雷锋事迹，但未能将"雷锋精神"与优秀传统文化有机结合起来；怀化安江农校纪念园对袁隆平精神的提炼也存在浅表化现象。当前，虽然有一些传统文化项目尝试采用科技手段进行保护和传播，但这些尝试往往是孤立的、零散的，缺乏系统性和连贯性。例如，一些文化遗产地可能采用了数字化技术进行展示，但这些技术的应用并没有形成一个完整的故事线，也没有与观众的互动体验充分结合。此外，实际应用中的技术选择往往缺乏针对性，没有根据不同传统文化项目的特点选择合适的技术手段，导致效果不佳。

3. 文化遗迹开发利用还不够到位

受限于经济发展、交通区位等因素，某些地区的优秀传统文化遗迹开发利用相对滞后，如怀化"通道转兵"纪念馆、怀化沅陵龙兴讲寺等遗迹。传统文化资源的深度开发需要对文化内涵有深刻的理解和把握，同时也需要科技的支持来实现创新性的转化和表现。然而，目前很多传统文化项目仅仅停留在表面的展示和简单的互动体验上，缺乏对文化深层次价值的挖掘和利用。这种浅层次的开发方式无法充分释放传统文化的内在价值，也难以吸引广泛的社会关注和参与。

综上所述，理论研究－实践应用－深度开发全链条聚焦不足是当前科技赋能传统文化高效开发利用面临的一个重要困境。为了突破这一困境，我们需要加强理论研究与实践需求的对接，推动实践应用的系统化和连贯性，以及进行传统文化资源的深度开发。只有这样，我们才能充分利用科技的力量，推动传统文化的创新发展，让传统文化在新时代焕发出新的光彩。

二　官方－官办机构－民间企业全方位协作不够

在探讨科技如何促进传统文化的开发利用时，我们面临的一个现实困境是官方、官办机构和民间企业之间全方位协作的不足。近年来，优秀传统文化开发利用仍以"单兵作战"为主，一般是政府宏观指导，研究机构基于自身领域和理念研究优秀传统文化，政府与研究机构缺少纵向对话，研究机构与企业缺乏横向协作，研究成果"碎片化"问题较为突出。例如，湖南大学、湖南师范大学、湖南省湘学研究院对优秀传统文化的共性研究趋同、个性研究欠缺，相关部门对优秀传统文化中长期发展缺乏明确规划，造成沟通交流自说自话、重复研究无序叠加，优秀传统文化研究资源长期难以有效整合、实现突破。这一困境的存在，不仅限制了各方资源和优势的有效整合，也影响了科技与传统文化结合的深度和广度。

首先，官方层面的支持和引导不足。虽然政府在政策上对传统文化的保护和传承给予了一定的重视，但在实际操作中，往往缺乏具体的支持措施和有效的引导机制。这导致了许多传统文化项目在资金、技术和人才等方面的支持不足，难以实现与科技的深度融合。此外，官方对于传统文化项目的管理和监督往往过于官僚化，缺乏灵活性和创新性，这也限制了科技在传统文化开发利用中的应用。

其次，官办机构存在局限性。许多传统文化项目由官办机构负责管理和运营，这些机构往往存在体制僵化、效率低下等问题。在科技应用方面，官办机构往往缺乏足够的专业性和创新性，难以与科技企业和专业人士形成有效的合作。此外，官办机构在项目实施过程中往往过于注重形式和程序，忽视了科技与传统文化结合的实质需求，导致科技手段的应用效果不佳。

最后，民间企业参与度不高。尽管一些科技企业和民间组织对传统文化的保护和传承表现出浓厚的兴趣，但它们在实际操作中面临着种种困难和挑战。一方面，由于政策和资金等方面的限制，这些企业和组织难以获得足够的支持和认可。另一方面，它们与官办机构之间的沟通和协作不畅，难以形成合力。此外，一些民间企业在传统文化项目中过于追求商业利益，忽视了文化价值和社会效益，这也影响了科技与传统文化结合的效果。

综上所述，官方-官办机构-民间企业全方位协作不够是当前科技赋能传统文化高效开发利用面临的一个重要困境。为了突破这一困境，我们需要加强官方层面的支持和引导，推动官办机构的改革创新，以及促进民间企业与官办机构的沟通和协作。只有这样，我们才能充分利用各方面资源和优势，推动科技与传统文化的深度融合，让传统文化在新时代焕发出新的光彩。

三 历史-现实-未来全过程谋划不全

在探讨科技如何促进传统文化的开发利用时，我们面临的一个现实困境是历史-现实-未来全过程谋划不全。当前，优秀传统文化研究尚未上升到"以史为鉴"的高度，众多研究者仅为廓清历史迷雾，缺乏对现实的关注，难以用当代话语表达优秀传统文化内核，"不接地气"等问题普遍存在。例如，吉首潕溪书院反映了古代民族地区"国家认同"的"大中华"意识，是优秀传统文化中蕴含"铸牢中华民族共同体意识"理念的重要范例，但相关研究者大多只侧重于探讨潕溪书院的建成、发展等一般史实。这一困境的存在，不仅限制了我们对传统文化的全面理解和把握，也影响了科技与传统文化结合的长远规划和持续发展。

首先，对历史的深入挖掘和研究不足。传统文化是历史的积淀，对历史的深入了解是有效开发利用传统文化的前提。然而，目前对传统文化的历史研究往往停留在表面，缺乏深度挖掘和系统整理。这导致我们对于传统文化的起源、发展过程以及历史变迁缺乏全面的认识，难以准确把握其文化内涵和价值。此外，历史研究的不足也影响了对传统文化的现代诠释和传承方式的选择，使得科技手段的应用缺乏历史依据和文化支撑。

其次，对现实需求的准确把握不够。传统文化的开发利用需要紧密结合现实需求，以满足现代社会和人们的精神文化需求。然而，目前对现实需求的把握往往存在偏差，要么过于追求商业利益，忽视了文化的公共性和教育性，要么过于强调文化的传统性，忽视了文化的创新和发展。这种对现实需求把握的不足，导致科技在传统文化开发利用中的应用缺乏针对性和有效性。

最后，对未来发展的长远规划不足。传统文化的开发利用是一个长期的过程，需要有长远的眼光和规划。然而，目前对未来发展的规划往往过于短视，缺乏对科技发展趋势和文化市场变化的深入分析和预测。这种短视的规划导致我们在科技与传统文化结合的过程中，往往只注重眼前的效果和利益，忽视了长远的发展和持续的创新。

综上所述，历史-现实-未来全过程谋划不全是当前科技赋能传统文化高效开发利用面临的一个重要困境。为了突破这一困境，我们需要加强历史研究，加强对现实需求的把握，以及制定长远的发展规划。只有这样，我们才能充分利用科技的力量，推动传统文化的创新发展，让传统文化在新时代焕发出新的光彩。

四　实体-虚拟全领域贯通不畅

在探讨科技如何促进传统文化的开发利用时，我们面临的一个现实困境是实体-虚拟全领域贯通不畅。当前，优秀传统文化的推广载体更多局限于传统纸媒，对新时代人群乐用、善用"虚拟"通道收集信息资料的习惯重视不够。例如，岳麓书院对优秀传统文化的展示仍然停留在文字展板阶段，尚未借助VR/AR等新技术开辟"虚拟"通道，如果仅以门票为"实体"通道通行证，往往会让游客"望而却步"，不利于优秀传统文化特质"广为人知"。这一困境的存在，不仅限制了传统文化资源在更广泛领域的应用，也影响了科技与传统文化结合的效果和深度。为了突破这一困境，我们需要从以下几个方面进行深入分析。

首先，实体领域的局限性。传统文化往往具有深厚的地域性，这使得其在实体领域的展示和传播受到一定的限制。例如，一些文化遗产地可能因为地理位置偏远、交通不便等，难以吸引大量的游客。此外，实体领域的传统文化项目往往需要较高的投入成本和维护费用，这对于一些地方政府和文化机构来说是一个不小的负担。这些问题导致了许多宝贵的传统文化资源无法得到充分的展示和利用。

其次，虚拟领域的开发不足。随着互联网和数字技术的发展，虚拟领域为传统文化的传播和开发提供了新的可能。然而，目前虚拟领域的开发还处于初级阶段，缺乏对传统文化资源的系统整理和高质量呈现。许多传统文化项目在虚拟世界中只是简单地复制和模仿，没有形成与实体领域互补的优势。此外，虚拟领域中的传统文化内容往往缺乏互动性和体验性，无法满足现代观众的需求。

最后，实体与虚拟领域的融合不畅。在当前的实践中，实体与虚拟领域的融合往往存在断裂和不协调的现象。一方面，实体领域的传统文化项目在数字化和网络化方面进展缓慢，无法与虚拟领域形成有效的对接。另一方面，虚拟领域中的传统文化内容往往缺乏实地调研和深入挖掘，无法准确反映实体领域的文化特色和价值。这种融合不畅的现象限制了传统文化资源在更广泛领域的应用，也影响了科技与传统文化结合的效果和深度。

综上所述，实体-虚拟全领域贯通不畅是当前科技赋能传统文化高效开发利用面临的一个重要困境。为了突破这一困境，我们需要加大实体领域的投入和支持力度，推动虚拟领域的开发和创新，以及促进实体与虚拟领域的有效融合。只有这样，我们才能充分利用科技的力量推动传统文化的创新发展，让传统文化在新时代焕发出新的光彩。

第三节 科技赋能推进传统文化
高效开发利用的路径

魏源、曾国藩、左宗棠、谭嗣同、黄兴、蔡锷等杰出人物所倡导的价值主张都影响着历史进程。毛主席的词典里充满了创新、发展基因，1938年，他为抗日军政大学毕业证书的题词是，"坚定不移的政治方向，艰苦奋斗的工作作风，机动灵活的战略战术"[①]。推进优秀传统文化高效开发利用，要以习近平新时代中国特色社会主义思想为指导，更新理念、创新途径，实现新的价值追求。

一 强化链条思维，推进优秀传统文化"研究+应用+资源挖掘"链条建设

在探讨科技如何促进传统文化的开发利用时，强化链条思维，推进优秀传统文化"研究+应用+资源挖掘"链条建设是一个关键路径，不仅有助于形成传统文化开发利用的完整闭环，还能够确保各个环节的有机衔接和相互促进。复制推广湖南省委办公厅、省政府办公厅印发实施的《关于进一步提升工业新兴优势产业链现代化水平的意见》等产业链建设经验，明确发展重点和支持政策，链条式系统化推进优秀传统文化开发利用。

首先，研究环节是整个链条的基础。传统文化的深入研究是理解和传承文化的前提。在科技的助力下，我们可以运用数字化技术对传统文化进行系统的整理和分类，建立全面的数据库。通过大数据分析，我们可以揭示传统文化的发展脉络、地域分布和社会影响。同时，借助虚拟现实和增强现实技术，我们可以重现历史场景，让

---

① 《毛泽东年谱（1893—1949）》（修订本）中卷，中央文献出版社，2013，第81页。

人们更加直观地体验和理解传统文化。此外，通过人工智能技术，我们可以分析和预测传统文化的未来发展趋势，为后续的应用和资源挖掘提供科学依据。定期更新、发布优秀传统文化研究进展与研究指南，引导支持高校、研究机构、文化场馆等相关机构，坚持传统研究方向与新兴研究方向相结合，加大优秀传统文化中较少受关注的文化群体的课题研究力度，建议依托党委、政府有关单位持续发布一批研究课题，拨付一定科研项目经费支持相关理论研究。

其次，应用环节是整个链条的核心。科技的应用可以将传统文化转化为具有现代价值的产品和服务。例如，通过3D打印技术，我们可以复制传统艺术品，使其成为可触达的商品。通过云计算和物联网技术，我们可以实现传统文化资源的在线共享和远程访问。此外，通过社交媒体和移动应用，我们可以将传统文化内容推广到全球范围内，吸引更多人的关注和参与。在这一过程中，科技不仅可以提高和扩大传统文化的传播效率和覆盖范围，还可以创造新的商业模式和更多的就业机会。让实践应用有深度。整合现有优秀传统文化场馆资源，坚持厘清史实与升华精神并举、讲述故事与提升素养并重、更新优秀传统文化展板内容与赋予其当代社会主义核心价值观并行，以此对优秀传统文化内涵进行时尚化表达；鼓励支持优秀传统文化开发主体持续推进产业链上下游延伸，重点推进文创产品研发。

最后，资源挖掘环节是整个链条的延伸。传统文化是一个丰富的资源宝库，科技可以帮助我们更好地发掘其潜在价值。通过数据挖掘和模式识别技术，我们可以发现传统文化中的设计元素和创意灵感，将其应用于现代设计和产品开发中。通过用户行为分析和市场预测技术，我们可以了解消费者对传统文化产品的需求和偏好，从而开发出更符合市场需求的产品。此外，通过环境扫描和资源评估技术，我们可以发现传统文化所在地区的旅游资源和发展潜力，推动地方经济的发展。让遗迹挖掘成体系。支持相关部门统筹制定优秀传统文化遗迹保护和开发利用的总体规划，协调挖掘、保护与开发三者之间的关系，使得优秀传统文化遗迹能够深入挖掘、合理保护以及高效开发。鼓励支持有实力的主体推进优秀传统文化"二次开发"利用，以"强帮弱、先带后"的模式构建多层级优秀传统文化遗迹开发利用体系。全球纺织业集聚度最高地区之一的江苏吴江，依靠科技创新，让传统丝绸产业焕发新生机。华佳丝绸股份有限公司从源头开始科技创新，彻底改变几千年来传统种桑养蚕模式，蚕桑生产环节智能化、数字化，全龄人工饲料工厂化、规模化、智能化，种桑养蚕方式基地化、规模化、机械化，从一片桑叶到一粒茧、一根丝、一段丝绸，实现科技全覆盖，生产的每根丝可达 1500 米长，实现电子检测下 10 万米无疵点，成为部分国际奢侈品牌在中国地区的唯一指定供应商，占据全国高端丝出口近 60% 的份额。可见，将科技创新贯通全产业链，紧跟科技前沿，传统文化才会有旺盛生命力。

综上所述，强化链条思维，推进优秀传统文化"研究+应用+资源挖掘"链条建设是科技赋能传统文化高效开发利用的重要路径。通过深化研究环节、拓展应用环节和延伸资源挖掘环节，我们可以充分发挥科技的优势，推动传统文化的创新和发展。这不仅有助于保护和传承文化遗产，还可以为现代社会创造新的价值和文化体验。

二 强化共生理念，构建"官方+官办机构+民间力量"多主体协同发展格局

在探讨科技如何促进传统文化的开发利用时，强化共生理念，构建"官方+官办机构+民间力量"多主体协同发展格局是一个关键路径，有助于形成政府、机构和市场三方面的合力，推动传统文化的保护、传承和发展。以下是对这一路径的详细介绍。

首先，官方层面的政策支持和引导至关重要。政府应制定明确的政策框架，为传统文化的保护和开发提供法律保障和政策指导。这包括出台相关法律法规，确保传统文化资源的合理利用和知识产权保护；实行税收优惠、资金扶持等激励措施，鼓励企业和个人参与传统文化的保护和开发；建立跨部门协调机制，统筹规划传统文化的开发利用，避免资源浪费和重复建设。此外，政府还应加大对传统文化教育的投入力度，提高公众对传统文化的认识和理解水平，培养社会对传统文化的需求。强化官方引导扶持。建立健全党委领导、政府负责、部门协同的优秀传统文化资源开发利用机制。如广州市编制《岭南文化中心区（荔湾片区）发展规划（2019—2025年）》。

其次，官办机构的专业化运作是提升传统文化开发利用效率的关键。官办文化机构如博物馆、图书馆、研究所等，拥有丰富的传统文化资源和专业的研究团队，应发挥其在传统文化保护和研究中的专业优势。这些机构可以利用数字技术对传统文化资源进行高质量的数字化保存和展示；开展深入的学术研究，探索传统文化的内涵和价值；与教育机构合作，将传统文化融入教育课程，提高年轻一代的文化素养。同时，官办机构还应积极与企业、社区等合作，共同推动传统文化的创新传播和产业化发展。如敦煌市2020年成立敦煌文化学院。

最后，民间力量的广泛参与是激发传统文化活力的重要方式。民间组织、企业和个人拥有丰富的创造力和较高的市场敏感度，能够为传统文化的开发利用带来新的思维和模式。官方和官办机构应为民间力量提供平台和机会，鼓励其参与到传统文化的保护、研究和开发中来。例如，通过举办文化创意比赛、提供创业孵化服务等方式，激发民间的创新活力；通过建立众筹平台、推出文化衍生品等方式，拓宽传统文化的融资渠道和市场空间。此外，还应加强民间力量与官方、官办机构的沟通和协作，形成良性互动的发展格局。

推动多方协调互动。积极调动文化企业的积极性，充分发挥行业协会等机构的功能，有效挖掘新媒体等社会资源的潜力，定期组织相关部门、研究机构以及文化企业研讨交流、深化合作。通过共同研究优秀传统文化资源、开通优秀传统文化旅游专线、共同打造优秀传统文化地标等方式，加强优秀传统文化细分领域研究。

综上所述，强化共生理念，构建"官方+官办机构+民间力量"多主体协同发展格局是科技赋能传统文化高效开发利用的重要路径。通过官方的政策支持和引导、官办机构的专业化运作以及民间力量的广泛参与，我们可以充分发挥各方的优势和特色，推动传统文化的保护、传承和发展。这不仅有助于提升传统文化的价值和影响力，还能够为社会经济的可持续发展注入新的动力。

三　强化"未来"概念，实现"历史研究+现实贡献+未来需求"有效联动

在探讨科技如何促进传统文化的开发利用时，强化"未来"概念，实现"历史研究+现实贡献+未来需求"有效联动是一个关键路径，有助于确保传统文化的传承和发展不仅基于对历史的深入理解，同时也满足当前的社会需求，并为未来的可持续发展打下基础。以下是对这一路径的详细介绍。

首先，历史研究是开发利用传统文化的基础。通过对传统文化的深入研究，我们可以更好地理解其历史背景、文化内涵和价值意义。科技在这一环节中发挥着重要作用。例如，通过数字化技术，我们可以对历史文献、艺术品和遗址进行高精度扫描和三维重建，使研究者能够在不破坏原物的情况下进行研究。此外，大数据分析可以帮助我们从海量的历史资料中提取有价值的信息，揭示文化现象背后的规律和趋势。这些技术的应用不仅提高了研究效率，还为传统文化的传承和发展提供了科学依据。贯彻党史学习教育、弘扬

红色文化等要求，切实找准红色资源与优秀传统文化的结合点，推进红色资源与优秀传统文化融入干部教育理论课，在教材篇章和课程中更多地配置红色文化与优秀传统文化内容的比重；引导媒体通过相关领域权威专家、文化名人宣讲党史人物、革命故事和优秀传统文化史，为青少年树立良好的价值观与文化观导向；持续推出一批"主旨性、主题性"成果，服务现实发展需求，重塑优秀传统文化的时代标杆。

其次，现实贡献是开发利用传统文化的目的。传统文化作为一种重要的社会资源，应该为现代社会的发展做出贡献。科技可以帮助我们将传统文化转化为具有现实价值的产品和服务。例如，通过虚拟现实和增强现实技术，我们可以将传统文化以一种互动和沉浸式的方式呈现给公众，提高其吸引力和影响力。此外，通过社交媒体和移动应用，我们可以将传统文化内容推广到全球范围内，吸引更多人的关注和参与。这些技术的应用不仅有助于提升传统文化的传播效果，还能够创造新的商业模式和更多的就业机会。利用好优秀传统文化现实品牌。树立大文化发展理念，围绕湖湘名人、名著、名馆、名园谋划一批"四名"建设项目，鼓励支持市州、区县因地制宜，量力而行，推进以优秀传统文化为底色的文化园区街区建设，以此塑造优秀传统文化资源品牌，打造"优秀传统文化旅游经典景区"；鼓励各基层单位、相关企业用好当地优秀传统文化资源，开展优秀传统文化教育实践活动。

最后，未来需求是开发利用传统文化的方向。在快速变化的社会中，我们需要不断探索和预测未来的需求趋势，以确保传统文化的开发利用能够适应时代的发展。科技在这一环节中同样发挥着重要作用。例如，通过人工智能和机器学习技术，我们可以分析和预测未来的消费趋势和市场需求，为传统文化产品的研发和创新提供指导。此外，通过可持续性评估和环境模拟技术，我们可以评估传统文化开发利用的环境影响和社会效应,为其可持续发展提供决策支持。这些技术的应用不仅有助于提升传统文化的竞争力和适应性,还能够为其未来发展提供新的思路和方向。谋划好优秀传统文化的未来发展。推动优秀传统文化融入省、市、县发展战略和现代产业发展新体系,融入党员干部学习教育活动和"讲文明、树新风"活动;通过线上直播、新媒体传播等方式融合优秀传统文化与湖南传统村落文化、乡村特色资源的宣传,促进乡村旅游发展,充分激活优秀传统文化资源在乡村振兴战略中的作用。

综上所述,强化"未来"概念,实现"历史研究+现实贡献+未来需求"有效联动是科技赋能传统文化高效开发利用的重要路径。通过深化历史研究、满足现实需求和谋划未来发展,我们可以充分发挥科技的优势,推动传统文化的创新和发展。这不仅有助于保护和传承文化遗产,还可以为现代社会创造新的价值和文化体验。

四 强化创新追求,涵养"新技术+新消费+新投资"发展生态

搭建内容与内涵双表达通道。以"实体"表达为主,"虚拟"表达为辅,突出新技术、新消费、新投资的"三新"市场导向,深入研究对应语境下优秀传统文化的话语权、现代化和可开发性,筹建优秀传统文化科技展示中心,探索以微视频、课程开发等方式构建优秀传统文化现代传播方式。培育电视、电台、新媒体等优秀传统文化宣传人才队伍、优秀传统文化旅游人才队伍;通过促进优秀传统文化旅游与乡村旅游、研学旅游等融合发展,推动全域旅游的发展;打造相关城市优秀传统文化旅游空间,在公共空间中融入更有深度的优秀传统文化内涵。建立健全项目制开发利用机制。依托优秀传统文化资源再开发等项目,联合今日头条、抖音、微信、微博等广大群众常用的社交媒体平台,提升优秀传统文化的曝光度和关注度,有机结合看、玩、游、购等方式,潜移默化传播优秀传统

文化。创新优秀传统文化资源的开发利用方法，利用互联网、人工智能、大数据等传承优秀传统文化的因子，构建全方位、立体化的优秀传统文化宣传、教育网络，用高科技修复技术再现优秀传统文化经典老片，传播优秀传统文化经典故事，延续优秀传统文化基因。在大量地方戏曲剧种生存艰难，依赖财政"输血"，甚至濒临"团散剧亡"的局面下，浙江小百花越剧院探索出一条"社会效益和经济效益相结合"的发展新路径。剧院推出新国风环境式《新龙门客栈》，2023年8月6日晚，环境式越剧《新龙门客栈》首次在抖音线上直播，直接"火出了圈"——924万人次观看，近4000名观众发布了超过1.4万条评论[1]。《新龙门客栈》的成功原因主要在于"内容新、表达新、场景新、传播新"，顺应了当今文化发展潮流。从故事改编看，将现代年轻人对"江湖""侠义""恩怨情仇"的思考注入《新龙门客栈》，让旧经典成为新IP，融入现代化思维，成功"破壁出圈"。这和我国绝大多数戏曲剧情常年不变、固守陈旧思维形成鲜明反差。从表演形式看，在保留浙派越剧特有唱腔的基础上，在唱词节奏、人物造型等方面做出了更贴近现代审美的调整。从观演模式看，采用时下年轻人"情境式""沉浸感"的潮流玩法。从推介渠道看，玩转当下时髦的短视频方式。

首先，新技术的应用是传统文化创新的重要驱动力。随着科技的不断进步，越来越多的新兴技术被应用到传统文化的保护、传承和开发中。例如，数字化技术可以将传统文化资源转化为数字格式，便于存储、传播和分析；虚拟现实和增强现实技术可以为用户提供沉浸式的文化体验，增强传统文化的吸引力；人工智能技术可以用于文化资源的智能分类、推荐和个性化服务，提升用

---

[1] 陆遥、王艳琼：《一晚观众近千万人次，这出越剧被年轻人捧火了〈新龙门客栈〉，为何客盈门》，杭州网，https://news.hangzhou.com.cn/zjnews/content/2023-08/10/content_85977620.htm。

户体验。这些新技术的应用不仅提高了传统文化的保护和传承效率，还为传统文化的传播和开发提供了新的可能。

其次，新消费的兴起为传统文化创造了广阔的市场空间。随着消费者需求的多样化和个性化，传统文化产品和服务逐渐受到市场的青睐。通过将传统文化与现代设计、旅游、娱乐等产业相结合，我们可以开发出具有独特魅力和文化价值的新产品。例如，将传统工艺品融入现代家居设计中，打造具有民族特色的文化创意产品；将传统戏曲、音乐等表演艺术与现代演出形式相结合，吸引更多年轻观众的关注。这些新消费模式不仅可以满足消费者对文化多样性的需求，还可以为传统文化的传承和发展注入新的活力。

2014—2023 年艺术表演团体机构分布情况如表 3-1 所示。

表 3-1　2014—2023 年艺术表演团体机构分布情况

单位：个

类别	2014 年	2015 年	2016 年	2017 年	2018 年	2019 年	2020 年	2021 年	2022 年	2023 年
艺术表演团体机构数	2053	2037	2031	2074	2078	2052	1973	1947	1934	1891
国有艺术表演团体机构数	1675	1669	1662	1711	1721	1693	1643	1615	1616	
集体艺术表演团体机构数	184	181	176	172	173	173	153	145	134	
其他艺术表演团体机构数	6910	8937	10463	13859	15229	15929	15785	16610	17989	
中央艺术表演团体机构数	18	17	16	16	16	16	14	9	9	
省、区、市艺术表演团体机构数	191	187	191	214	214	213	212	212	218	

续表

类别	2014年	2015年	2016年	2017年	2018年	2019年	2020年	2021年	2022年	2023年
地、市艺术表演团体机构数	505	503	496	506	510	499	492	488	494	
县、市及以下艺术表演团体机构数	8055	10080	11598	15006	16383	17067	16863	17661	19018	
执行事业会计制度的艺术表演团体机构数	1581	1563	1534	1544	1541	1513	1437	2031	1364	
执行企业会计制度的艺术表演团体机构数	7188	9224	10767	14198	15582	16282	16144	16339	18375	
文化部门艺术表演团体机构数	2053	2037	2031	2074	2078	2052	1973	1947	1934	
其他部门艺术表演团体机构数						15743	15608	16423	17805	

资料来源：国家统计局网站。

最后，新投资的引入为传统文化的发展提供了资本支持。随着资本市场的发展和投资者对文化产业的关注增加，越来越多的资金开始投向传统文化领域。这些资金可以用于传统文化资源的保护、修复和开发，也可以用于支持文化创新项目和创业公司。引入专业的投资管理机构和市场化运作机制，可以提高资金的使用效率和回报率。此外，政府也可以通过税收优惠、贷款担保等方式鼓励资本投入传统文化领域，促进传统文化产业的发展。

综上所述,强化创新追求,涵养"新技术+新消费+新投资"发展生态是科技赋能传统文化高效开发利用的重要路径。通过引入新技术、新消费和新投资,我们可以充分发挥科技的优势,推动传统文化的创新和发展。这不仅有助于提升传统文化的价值和影响力,还能够为社会经济的可持续发展注入新的动力。

第四章 科技与红色文化

党的二十大报告强调要"用好红色资源","弘扬革命文化","弘扬以伟大建党精神为源头的中国共产党人精神谱系","坚持以文塑旅、以旅彰文,推进文化和旅游深度融合发展"。红色文化开发利用持续受到关注。从资源市场化开发到产业链建设,再到产业链现代化,红色文化"鼓舞斗志、明确方向,坚定信念、凝聚力量,启迪智慧、砥砺品格"的社会功能与壮大产业规模、推进乡村振兴、加快现代化建设等经济功能正日益得到发挥。统筹好社会效益和经济效益,实现红色文化的持续健康发展。利用好数字化带来的新逻辑、新突破、新任务将是红色文化旅游产业链建设及现代化的关键所在。

第一节 科技不断融入红色文化

红色文化资源,是指在中国共产党领导下,在新民主主义革命时期、社会主义革命和建设时期、改革开放和社会主义现代化建设新时期、中国特色社会主义新时代所形成的具有历史价值、教育意义、纪念意义的物质资源和精神资源,包括重要旧址、遗址、纪念设施或者场所等,重要档案、文献[①]、手稿、声像资料和实物等,以

[①] 因为中共中央历届领导集体成员的各种文献有单位做专门考订研究工作,本部分不做讨论。

及具有代表性的其他资源。红色文化资源既包含物质资源，也包含精神资源，在时间跨度上从五四运动以来的新民主主义革命时期一直延续至中国特色社会主义新时代。

红色资源是中华优秀传统文化传承创新的重大成果，是中国近现代历史的核心内容，是革命先辈留下来的、不可复制不可再生的宝贵遗产。丰富的红色资源，具有政治、教育、社会、经济、文化等当代性价值内涵和功能，既映照了党的百年光辉历程，又对总结党的百年奋斗重大成就和历史经验有重要的参考价值。

红色文化作为一种特殊的文化，是中国共产党人推动中华优秀传统文化向现代转型和创新的重大成果。中国共产党从成立之日起，既是中国先进文化的积极引领者和践行者，又是中华优秀传统文化的忠实传承者和弘扬者。

习近平总书记对传承红色文化高度重视，强调"要用心用情用力保护好、管理好、运用好红色资源"，"增强表现力、传播力、影响力，生动传播红色文化"[①]。随着中国成为世界第二大经济体，增强中华文明的表现力传播力影响力成为以人类命运共同体理念引领构建中国式现代化的必然要求，迫切需要突破当前的传播瓶颈和挑战，不断丰富世界对中华文明的立体化、多层次想象[②]。红色文化作为极具中国特色、中国气派的一种文化，其表现力传播力影响力是我国综合实力的有机组成部分，更是新时代让世界了解中华文明的重要源泉。

关于表现力传播力影响力，有"能力说""渠道说""要素说""效果说"等不同评价模式。能力说认为"为了实现有效传播，发送方、接收方和信道必须表现出令人满意的能力，其中发

[①] 习近平：《用好红色资源、赓续红色血脉，努力创造无愧于历史和人民的新业绩》，《求是》2021年第19期。

[②] 邵培仁、陈江柳：《丰富"中华"想象：数字时代如何增强中华文明传播力影响力》，《编辑之友》2023年第9期。

送方至关重要"①。渠道说认为要重点关注"传播载体的数量、传播技术、媒体的覆盖率、好评率",在渠道中,"守门人"变得异常重要,"信息一般是沿着那些含有门区的渠道流动……或者根据守门人的意见,作出是否让信息进入渠道或者在渠道内流动的决定"②。要素说认为要关注"传播主体、传播内容、传播途径、传播受众、传播效果等传播力的构成要素"③,这是基于"拉斯韦尔5W传播过程模式"的一种拓展。效果说认为"传播效果是媒介传播力的主要表征"④。

然而,值得重视的是,红色文化传播进入了数字化新生态,而新媒体的崛起又带来碎片化和娱乐化的传播模式,微媒体当前已经发展成为公众使用量最大的社交媒体。中国互联网络信息中心(CNNIC)第51次报告数据显示,截至2022年12月,短视频用户规模首次突破十亿,用户使用率高达94.8%。微媒体的出现,引领了广大受众新一代社交语言的表达,一定程度上重塑了媒体格局与舆论生态。一是数字化牵引市场环境的优化。线上咨询、数字支付、网络订票以及快捷的退换货等使得红色文化生产-传播-消费更加透明公开,市场主体依托短视频等功能,能够有效保存购买-服务过程中的各种真实体验,并有效地向社会公众展示,形成了真实有效的评价体系与沟通联络机制,既有利于执法部门打击各种违法侵权行为,也势必倒逼红色文化产品和服务供给方不断优化供给,带动市场环境的优化。二是数字化牵引渠道与模式的变革。数字经济依托其强大的渠道整合能力,有效推进"红色文化+特色吃、住、行、

---

① G. Williamson, Communication Capacity, SLTinfo, 2014-01-10, https://www.sltinfo.com/communication-capacity.
② 张春华:《传播力:一个概念的界定与解析》,《求索》2011年第11期。
③ 王媛:《主题出版传播力构成要素分析》,《中国出版》2022年第12期。
④ 刘建明等:《新闻学概论》,中国传媒大学出版社,2007,第40页。

游、购、娱"消费，依托直播带货等，红色文化产品和服务供应方能够动态地与消费者保持联系，并将文创产品等消费品推荐给消费者，进而形成中长期稳定供应关系，实现红色文化产品由一次性供给向中长期服务升级。三是数字经济牵引宣传推介生态升级。依托大数据、消费偏好判断与记忆，数字经济能有效提升红色文化产品和服务营销的针对性，如消费者在经过特定红色文化景区景点时，相关产品和服务信息会自动推送给消费者，并做出简要介绍，这可以有效刺激消费，降低营销成本。在这种新生态下，评价红色文化的传播需要考察更多的变量，以提高评价的科学性。

红色文化作为中国特有的历史文化现象，承载着革命历史的记忆、英雄人物的精神以及社会主义核心价值观。在新时代背景下，如何利用科技手段对红色文化进行创新性传承和开发利用，是一个值得深入探讨的课题。以下将围绕"红色文化需借力科技"的主题展开详细讨论。

1. 红色文化与现代科技结合的必要性

红色文化的传统传播方式主要依靠文献记载、纪念馆展览和口述历史等形式，这些方式在传播范围和互动性方面存在一定限制。现代科技特别是信息技术的发展，为红色文化的传播提供了新的途径。网络平台、虚拟现实、增强现实等能够让更多的人以更加直观、便捷的方式接触和理解红色文化，实现从被动接受到主动体验的转变。此外，大数据分析能够帮助我们从海量的红色文化资源中提炼出有价值的信息，为研究和传播提供科学依据。

2. 科技赋能下的红色文化创新传承

科技不仅能够提升红色文化的传播效率，还能够促进其创新传承。例如，数字化技术可以用于红色文物的高精度扫描和复原，使这些珍贵文物得以在数字空间中永久保存。同时，建立红色文化数据库和知识图谱，可以实现对红色文化资源的深度挖掘和系统整理。

在此基础上，结合人工智能技术，可以开发出智能导览、在线教育等应用服务，使红色文化教育更加生动和个性化。

3. 科技提升红色文化旅游的体验感

旅游是红色文化传播的重要途径之一。借助科技手段，可以极大提升红色旅游的体验感。利用 VR 和 AR 技术，游客可以在虚拟环境中重走长征路，体验红军生活，从而获得更加深刻的历史体验。智能导览系统可以为游客提供个性化的旅游推荐和解说服务。此外，通过物联网技术，可以实现对红色旅游景点的实时监控和管理，提高旅游服务质量。

4. 科技助力红色文化产品的开发与营销

科技还可以助力红色文化产品的开发与营销。通过文化创意设计，结合现代消费者的喜好，将红色文化元素融入服装、饰品、家居用品等商品中，创造出符合市场需求的文化产品。利用电子商务平台和社交媒体，可以实现红色文化产品的在线展示和销售，拓宽销售渠道。同时，通过用户行为分析和市场预测，可以优化产品设计和营销策略，提高市场竞争力。

在科技与红色文化的融合过程中，也面临着一些挑战。例如，如何在保持红色文化原有精神内涵的同时进行创新发展，如何处理好科技应用与红色文化保护之间的关系，如何在全球化背景下传播红色文化等。针对这些挑战，需要政府、企业、学术机构和社会各界共同努力，制定相应的政策和标准，加强跨学科研究，培养专业人才，推动国际交流与合作。

第二节　科技与红色文化融合评价体系的构建

评价红色文化表现力传播力影响力，要针对红色文化这一主体，根据行业发展新生态，构建有针对性、操作性的评价体系。

一 评价维度及其基本内涵

表现力传播力影响力是一个整体，借鉴传播理论，可以从生产、传播和影响力三个维度来评价。红色文化表现力传播力影响力的形成，逻辑起点在于生产，即只有生产出来，成为产品和服务，才能开始传播并形成影响力。但生产、传播与影响力三者不是通过单向通道进行联络，而是一个自成体系的微循环。生产的内容决定着传播的方式与路径，传播的方式和路径则会对影响力产生重大影响。反之，影响力的扩大会刺激生产，带动市场扩张，进而促进传播体系优化。

经合组织（OECD）2000年将知识生产定义为个人、团队或组织成功地生产新知识和实践的情况。知识生产不仅包含原创性新知识的创造，也包含在已有知识基础上，通过复制和传递过程而产生的知识[1]。红色文化产品和服务生产既包括精神层面的生产，也包括物质层面的生产，红色文化创造性转化与创新性发展，就是生产的重要表现形式，中华民族五千多年的漫长文明发展积累是增强中华文明传播力影响力的深厚基础[2]。评价红色文化的生产能力，要突出存量或者是积累。

传播力是一个国家对外输送信息的能力，是硬实力与软实力的结合体。信息产品并非通过一般贸易即可完成从产出到接收的全部过程，这个过程必须通过一定的渠道才能完成。红色文化传播主要依靠电视、网络等，以及人-人的点对点传播或者说社区传播。电视、报纸、杂志等主流媒体融合形成传播矩阵，各类云平台、融媒

---

[1] 傅翠晓、钱省三、陈劲杰等：《知识生产研究综述》，《科技进步与对策》2009年第2期。
[2] 刘海春：《增强中华文明传播力影响力》，《红旗文稿》2023年第15期。

体中心构成的新媒体传播能力不断增强。

影响力是指一国信息传播的产品对国外市场的渗透力和占有率，以及产品的内容对国外接受者在心理、思想、情感和行为等方面产生作用的能力。参照文化和旅游部发布的《2022年文化和旅游发展统计公报》，可以从参观的主体和红色文化销售收入等维度来考察，这相对更具有代表性。

二 评价指标的选取

综合上述分析，参考中国文化文物和旅游统计年鉴等的数据，生产可以从文物业从业人数、资产总计、文物业藏品数、文物业机构数等指标来考察。传播可以从每百户彩色电视机拥有量、每百户移动电话拥有量、每百户计算机拥有量等指标来考察。影响力可以从对外对港澳台文化交流人员项目情况、文物业门票收入、文物保护管理机构举办社会教育活动次数、文物业参观人数等指标来考察[①]。

用IBM SPSS Statistics统计软件进行统计分析，发现KMO指数为0.532，大于0.5，显著性为0，表示可以接受主成分分析（见表4-1）。

从公因子方差来看，假设每个变量包含信息为1，由表4-2可知每个公因子的提取值均大于0.5，其中大于0.9的有3个，在0.8到0.9之间的有6个，在0.7到0.8之间的有1个，在0.6到0.7之间的有3个，无小于0.6的。

由图4-1可以看出，越高的点，其势能越大，对于研究而言就越重要。第1个因子的特征值最高，对解释红色文化表现力传播力

---

① 年鉴中还统计了文化创意产品种类、文化创意产品销售收入、文化创意产品销售利润、举办线上展览等指标，此外，通过查阅国家有关文件，还可以获得红色旅游经典景区数量、国际旅游收入等指标，但在利用主成分分析法时，这些指标的KMO指数始终小于0.5，不能达到统计学的要求。

影响力的贡献最大,第 5 个以后的因子特征值都较小,对解释红色文化表现力传播力影响力的贡献小,可以忽略,因此提取 5 个因子比较合适。

表 4-1 KMO 和 Bartlett 的检验

取样足够度的 Kaiser-Meyer-Olkin 度量		0.532
Bartlett 的球形度检验	近似卡方	158.945
	自由度	78
	显著性	0.000

表 4-2 公因子方差

	初始值	提取值
文物业藏品数	1.000	0.859
文物业参观人数	1.000	0.851
文物业门票收入	1.000	0.746
每百户彩色电视机拥有量	1.000	0.663
每百户移动电话拥有量	1.000	0.621
每百户计算机拥有量	1.000	0.816
网站年访问量	1.000	0.944
微信公众号微博关注人数	1.000	0.687
对外对港澳台文化交流人员项目情况	1.000	0.827
文物业从业人数	1.000	0.916
资产总计	1.000	0.851
文物业机构数	1.000	0.904
文物保护管理机构举办社会教育活动次数	1.000	0.885

提取方法:主成分分析。

三 指标选取结果讨论

从旋转矩阵来看,第 1 成分由文物业从业人数、文物业机构数、文物业门票收入、文物业藏品数、微信公众号微博关注人数、文物

图 4-1 碎石图

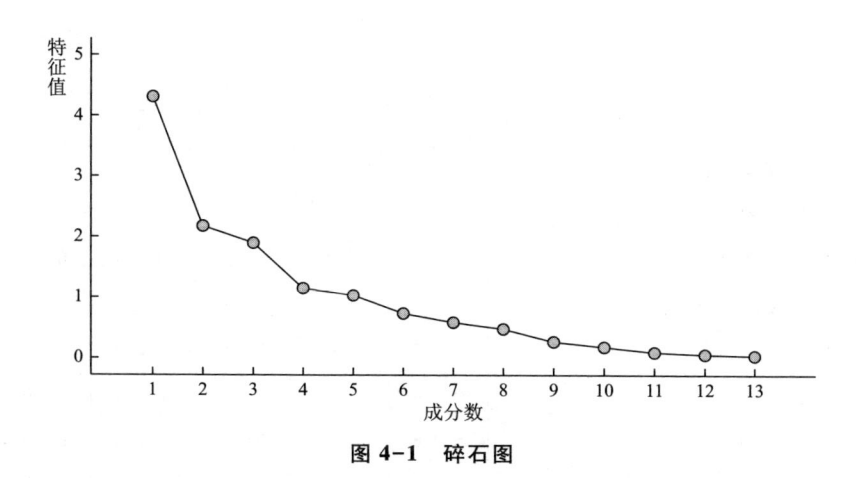

业参观人数组成，且系数大于 0.5，有较高的载荷，这些指标主要代表文物业发展情况，命名为 x_1。第 2 成分由文物保护管理机构举办社会教育活动次数、网站年访问量、每百户移动电话拥有量组成，这些指标主要代表着市场主体参与渠道，用 x_2 来表示。第 3 成分由对外对港澳台文化交流人员项目情况、网站年访问量、每百户彩色电视机拥有量组成，可以代表红色文化传播终端，用 x_3 表示。第 4 成分由资产总计、文物业参观人数组成，用 x_4 表示。第 5 成分由每百户计算机拥有量组成，这在一定程度上表明，红色文化旅游产品信息化至关重要，用 x_5 表示（见表 4-3）。

表 4-3 旋转成分矩阵[a]

	成分 1	成分 2	成分 3	成分 4	成分 5
文物业藏品数	0.802		-0.211	0.185	0.367
文物业参观人数	0.523		0.158	0.704	-0.223
文物业门票收入	0.843	-0.123			-0.103
每百户彩色电视机拥有量			0.572	0.476	0.305
每百户移动电话拥有量	-0.133	0.670	-0.202	0.104	-0.320

续表

	成分				
	1	2	3	4	5
每百户计算机拥有量			0.112	0.169	0.876
网站年访问量		0.711	0.648		
微信公众号微博关注人数	0.713	-0.149		-0.163	0.348
对外对港澳台文化交流人员项目情况			0.906		
文物业从业人数	0.910		0.127	0.260	
资产总计	0.214			0.846	0.289
文物业机构数	0.866	0.171	0.138	0.232	-0.230
文物保护管理机构举办社会教育活动次数		0.935			

提取方法：主成分分析。

旋转法：具有 Kaiser 标准化的正交旋转法。

a. 旋转在 6 次迭代后收敛。

第三节 科技与红色文化融合影响力整体评价

借助主成分分析结果，以主成分对应的特征根为系数，建立评价模型，对全国各省市（自治区）红色文化表现力传播力影响力进行评价。

一 模型建立

用 Y 代表红色文化表现力传播力影响力，用 α 代表系数，于是可以建立方程：

$$Y = \alpha_1 x_1 + \alpha_2 x_2 + \alpha_3 x_3 + \alpha_4 x_4 + \alpha_5 x_5$$

基于特征值大于 1 的标准，使用主成分分析法提取了 5 个公因子，使用最大方差法，成分 1—5 的特征值分别为 4.315、2.171、

1.895、1.150、1.039，这5个成分的方差贡献率为81.308%（见表4-4）。总的来看，原有指标的信息丢失较少，主成分分析效果比较理想，具有研究意义。于是，方程可以改写为：

$$Y = 4.315 \times x_1 + 2.171 \times x_2 + 1.895 \times x_3 + 1.150 \times x_4 + 1.039 \times x_5$$

表4-4 解释的总方差

成分	初始特征值 合计	初始特征值 方差的%	初始特征值 累积%	提取平方和载入 合计	提取平方和载入 方差的%	提取平方和载入 累积%	旋转平方和载入 合计	旋转平方和载入 方差的%	旋转平方和载入 累积%
1	4.315	33.194	33.194	4.315	33.194	33.194	3.797	29.204	29.204
2	2.171	16.703	49.897	2.171	16.703	49.897	1.928	14.834	44.038
3	1.895	14.577	64.474	1.895	14.577	64.474	1.739	13.380	57.418
4	1.150	8.844	73.318	1.150	8.844	73.318	1.679	12.917	70.335
5	1.039	7.990	81.308	1.039	7.990	81.308	1.426	10.973	81.308
6	0.734	5.646	86.954						
7	0.591	4.546	91.500						
8	0.476	3.660	95.160						
9	0.264	2.030	97.190						
10	0.173	1.327	98.517						
11	0.095	0.729	99.247						
12	0.058	0.448	99.695						
13	0.040	0.305	100.000						

提取方法：主成分分析。

二 数据处理

以中国文化文物和旅游统计年鉴数据为来源，综合分析全国各地区红色文化表现力传播力影响力。利用统计软件中的主成分分析方法进行分析。部分地区存在缺失值，考虑到红色文化数据更多地体现存量，如机构数、人员数等，相关数据难以利用均值插补、中位数插补、众数插补、回归插补等方法来进行插补，因而没有对有数据缺失的地区进行评价。

三　结果分析

从评价结果来看，浙江、山东、云南、陕西、四川、北京、江苏、广东、河北、湖北综合得分为正，居于前列。山西、江西、上海、甘肃、湖南、福建、广西、黑龙江、内蒙古、辽宁、宁夏、青海得分为负（见表4-5）。《中国红色旅游发展报告（2022）》数据显示，2021年，河南省、江苏省、福建省、广东省、海南省、湖南省、四川省、上海市、山东省、江西省处于前10位[①]。两相比较，单就红色文化而言，两者相差不大，但还是存在差异。

表4-5　各地区红色文化表现力传播力影响力

序号	地区	x_1	x_2	x_3	x_4	x_5	综合得分
1	浙江	0.68307	0.39523	3.9357	0.4499	-0.03022	11.74963
2	山东	2.67085	-0.35383	-0.37754	-0.61423	0.64602	10.00596
3	云南	-0.31578	3.90812	0.18018	-0.75879	0.44343	7.051494
4	陕西	2.03095	-0.06674	-0.46777	0.17366	-0.96418	6.930159
5	四川	1.06536	0.24847	-0.61034	0.56021	-0.68479	3.912607
6	北京	0.56032	-0.27389	-0.47026	-0.33413	2.89464	3.555304
7	江苏	-0.14519	-0.19196	-0.32705	3.83623	0.18163	2.937378
8	广东	0.34114	0.74596	-1.43906	-0.25064	0.11748	0.198305
9	河北	0.54091	-0.5829	0.15406	-0.87598	-0.17793	0.168248
10	湖北	0.27856	-0.05194	-0.42837	-0.20177	-0.02155	0.023038
11	山西	0.38262	-0.73566	0.5256	-0.34663	-0.80974	-0.19004
12	江西	-0.62368	0.75018	-0.17247	0.5022	-0.533	-1.36563
13	上海	-0.91518	-0.59778	0.07756	0.58638	2.56334	-1.76216

---

① 王金伟主编《中国红色旅游发展报告（2022）》，社会科学文献出版社，2023，第24页。

续表

序号	地区	x_1	x_2	x_3	x_4	x_5	综合得分
14	甘肃	-0.02833	-0.14392	-0.17913	-0.03236	-1.01931	-1.87042
15	湖南	-0.65724	0.31124	-0.4537	0.81094	-0.82468	-2.94431
16	福建	-0.93989	-0.45831	0.98715	-0.32074	0.21303	-3.32748
17	广西	-0.84915	0.28302	-0.39881	-0.00087	-0.6022	-4.43208
18	黑龙江	-0.4473	-0.89039	0.04377	-0.24904	-0.8085	-4.90662
19	内蒙古	-0.62546	-0.62063	-0.16789	-0.58231	-0.04332	-5.07907
20	辽宁	-0.63816	-1.06334	0.35785	-1.00647	-0.04046	-5.58352
21	宁夏	-1.13139	-0.26132	-0.38506	-0.62646	-0.01635	-6.91638
22	青海	-1.23701	-0.34962	-0.38444	-0.71908	-0.48334	-8.15437

第四节 科技与红色文化融合路径

红色文化表现力传播力影响力提升是一个系统工程，要把握要素这一基础，把握优势，用好新技术，创新开发利用模式，将红色文化的魅力释放出来。

一 优化要素供给进一步夯实发展基础

从评价结果来看，东部沿海地区的红色文化表现力传播力影响力整体较强，这在一定程度上表明要素投入更为充足的地区，其红色文化发展也相对较好。进一步促进红色文化发展，要围绕人才特别是经营管理人才、资金要素特别是信贷资金、政策特别是覆盖面广的政策，形成一揽子供给，以此强化红色文化生产[1]。

一是要把文化创意领域人才用好。破除人才活力不足、人才成

---

[1] 周成、周霖、吕炯彦等：《山西省红色文化遗址的空间分异特征与要素关联分析——以不可移动革命文保单位为例》，《干旱区资源与环境》2022年第12期。

长"天花板"效应明显等的制约,进一步深化红色从业人员职称评审制度改革,创新性推进薪酬制度改革,鼓励和支持从业人员参与红色文化传播。持续提升行业从业人员整体素质,支持其参与数字化等相关专业知识培训。积极实施"大咖走访红色基地"、传播主体"走基层"等行动,鼓励各类主体到红色故事发生地、红色人物出生地等红色资源地深入调查,掌握一手素材,增强感性认识,通过数字化-红色文化双向结合,提升行业从业人员整体素养。

二是要提升土地使用效率。红色文化资源所在地一般都有丰富的土地资源,要在落实文物保护有关规定的基础上,加强规划衔接,统筹好文化与旅游等要素资源,逐步培育能够更好地展示红色文化特色、能够更好地被群众接受的红色文化展示方式,适度增加旅游元素,让红色文化更好地被群众所接受。

三是要提高资金要素使用效能。破除传统"撒胡椒面儿"式财政支持红色文化管理模式,依托各类文旅资金、科技资金等行业部门资金,鼓励围绕"红色文化"进行创作,以"后补助"、项目"揭榜挂帅"等方式,创作一批有影响力的精品。支持演艺、动漫游戏等领域引入红色文化,开发出符合青少年喜好的文化产品。

四是强化政策要素供给。着力解决政策落地难题,以科技、文旅等职能部门政策文件为重点,系统梳理财政、土地、人才等政策,规范政策执行,为红色文化表现力传播力影响力提升提供良好的生态。强化政策更新,紧盯国家宏观政策导向,完善行业政策落地执行方案,提升政策的操作性和执行度。

二 把握资源优势持续提升红色文化表现力传播力影响力

从评价结果来看,浙江、山东、陕西、北京等地红色资源丰富,其红色文化表现力传播力影响力也居于前列。因此,各地在提升红色文化表现力传播力影响力过程中,要有效地把资源优势转化为发展优势，着力培育体现区域特色、具有内容支撑的红色文化产品和服务。

一是要依托资源加快推进红色文化资产库及开发利用体系建设。破解数字资产和 IP 价值挖掘不深入难题，促进内容 IP 通过技术进行结构化存储和再开发，打通红色文化"实景扫描-资产重建-虚拟拍摄-精修入库-多业务复用"制作流程，实现数字资产复用，并延伸到游戏、虚实体验等领域。

二是要着力补齐红色文化产品和服务数字化水平不高的短板。当前，各类红色文化场馆依托数字技术打造的沉浸式、深度体验产品和服务不多，部分场馆甚至还处于闲置状态。要依托 VR/AR 技术以及语言沟通、视觉冲击、行为示范等现代化手段，还原历史，再现实景化、过程化历史事件，依托数字光影、大数据等新技术，积极打造游（沉浸式红色文化游）、赏（景区景点内各种红色文物等）、演（实景演出、数字化红色电影）、娱（各种数字化高科技设备体验）、商（红色文创产品）"五位一体"沉浸式文旅产品，提高红色文化产品消费的体验感。

三是要补齐红色文化新业态小而不强的短板，着力推进红色资源衍生产品开发。在融入数字化生态过程中，红色文化创意设计、红色文化产品制造等产业发展不够，数字化红色文化创意产品、红色文化电玩类产品供给不足，红色文化遗产数字化宣传、数字化产品设计等不到位，开发手段传统，产品老旧，文旅虚拟数字人、文旅元宇宙、数字藏品、数字孪生等衍生消费品供给明显不足。要强化红色文化数字化改造，形成数字化资源，为完善文化服务供给体系提供内容支撑。适应文旅消费新趋势，以红色文化消费品为重点，引进培育一批龙头骨干企业，加快布局元宇宙、5G 高新视频等数字文创新兴产业，推动"5G+4K/8K"超高清在红色文化领域的应用，建设在线剧院、数字剧场，鼓励红色文化产品和服务在网络直播平台开展网络展演。引导企业上云，布局一批数字人、视频 AI 等生产线上线，推动创作、生产和传播向"云上"拓展。

四是要依托有影响力的 IP 资源培育一批细分领域知名品牌。根据国家旅游资源分类方法，红色文化资源可以分为遗址遗迹、建筑设施与人文活动三大类[①]。持续提升红色文化表现力传播力影响力，可以根据资源分类，突出地方特色，打造文化品牌。要注重文化"复原"，依托各类史料和现代信息技术，还原有重要影响力的红色文化资源，提高文化的价值，帮助更多的红色文化爱好者获得遗址遗迹、人文历史信息。要强化市场主体培育，重点依托国有文化企业吸引培育一批"旗舰企业"，鼓励大型文化企业集团通过设立"子公司"专注于红色文化相关生产运营，鼓励跨界经营集团公司设立红色文化子公司，形成有实力的"旗舰企业"[②]。

三 充分利用现代技术手段提升红色文化表现力传播力影响力

从评价结果来看，每百户计算机拥有量、网站年访问量、微信公众号微博关注人数等因素都被视为重要影响因素，这表明要充分依托互联网、大数据、新媒体等现代技术手段，进一步明确红色文化产品和服务需求，明确潜在消费群体，明确传播手段和方式，并及时有效获取消费数据，改进传播方案，以构建符合当代人价值追求的红色文化传播体系。

一是加快构建红色文化自主应用大模型。持续推进红色文化领域软件编程工作，加快音视频编码、虚拟制作、图形图像处理、人工智能、大模型等技术标准制定工作，在高清拍摄制作、后期处理、AI 算力和虚拟技术等方面逐步实现技术自主可控，逐步完善大数据

[①] 渠长根、闻洁璐：《红色文化资源研究综述》，《浙江理工大学学报》（社会科学版）2019 年第 2 期。

[②] 何洪兵：《价值遮蔽与彰显：红色文化的当代传承》，《四川大学学报》（哲学社会科学版）2023 年第 4 期。

模型。要破解红色文化资源数据库开发滞后难题，积极整合数据资源，加快打造标准统一的大数据体系。由于标准不统一、财政投入不足，红色文化资源在数字化扫描、图像处理、文字转化等过程中，存在服务平台不完善、技术标准不明确以及相关支持政策落实不到位等问题。如在重要红色档案资料数字化过程中图像清晰度、容量大小标准尚未统一，未能形成统一的专题数据库。要把握数字化历史机遇，深化红色文化景区景点数据采集，推进文化大数据基础体系建设，加快推进红色文化云项目等数字化建设。发挥政府专项资金和基金作用，优先推进国有文化机构的数字文化资源互联互通，引导社会资本参与整合民间数据资源。

二是强化红色文化数据安全管理。建设安全可控的云制播平台、文化数字资产管理平台、多模态语义级智能审核平台，加强安全可靠技术和产品推广应用。加强红色文化数据安全保障，建立健全全流程文化数据安全管理制度，强化重要红色文化数据交易、转让安全管理，提高数字文化领域网络安全事件预警和发现能力。加强互联网新技术新应用监管，建立和完善对生成式人工智能、算法推荐、深度合成等审核、运用、监督的管理制度和技术措施，推进生成式人工智能等新技术健康发展。

三是深入激发红色文化科技创新活力。围绕营造文化科技创新创业生态环境、加强文化关键核心技术研发和应用、支持科技创新人才队伍培养引进、完善科技创新和市场交易平台建设等方面，提出明确、具体和可操作的措施，在智能化融媒体关键技术开发和应用示范、智能化融媒体的关键算法研究、沉浸式内容的虚拟制作研究、视频云化技术研究等前沿领域部署一批研发项目。

四是深化红色文化全产业链创新。围绕红色文化网络视听、数字文旅、创意设计、数字出版等关键领域，加快发展壮大数字内容产业，构建"内容+装备+传输+应用+交易"的全产业链。鼓励虚拟现实、增强现实、混合现实关键技术及传统红色文化产品研发，4K 高清修复、人工智能手语播报、数字视频创意、新型软件、版权及配套衍生数字视频等全产业链技术创新[1]。

四　融入数字生态创新红色文化开发利用模式

着眼于红色文化社会效益与经济效益相统一、保护与开发利用相统一，加快模式创新，引领红色文化产品和服务创新。

一是依托数字经济塑造红色文化体验式开发利用模式。在数字化时代，消费者不仅享受了红色文化的产品和服务，更实现了一场现代科技的体验之旅，两者的有机统一，形成了"1+1>2"的消费效应，使得消费者的满足感、获得感大幅度提升。要依托数字经济重构消费新表达，数字生态下消费者可以自主发声，将自己的消费感受、消费偏好等信息有效传递给产品和服务供给方。红色文化景区景点也可以为自己代言，最吸引人的特色亮点，以及红色文化产品和服务的内容、方式、价格等信息，都可以清楚明白地传递给消费者。要依托数字经济把红色文化培育成一个热门"话题"，让有着共同价值观念、兴趣爱好的消费者能够通过论坛等方式交流互动，阐述自身观点，获取有用信息。

二是依托数字技术转变红色文化消费场景。数字经济改变了红色文化传统单一的、现场即时消费模式，情景化、故事化、艺术化成为新的导向，消费场景实现革命性的转变。要依托数字经济培育体验式消费场景，依托现代化手段，使红色文化展示展览变得立体化、电子化，使承载着内涵丰富、底蕴深厚的革命精神的红色文化实现大众化表达，使消费者能够重温红色文化事件的来龙去脉。要依托数字经济创新情景化消费场景，数字技术有助于把诸多"碎片化"的红色文化

---

[1]　田珊：《数字化红色文化资源赋能高校思政课的价值及路径探析》，《思想理论教育导刊》2022年第7期。

信息整合起来，并制作成具有观赏性的电影、舞台剧等沉浸式剧目，形成新的消费场景。如广州起义纪念馆的系列话剧，通过收集历史故事，动态地呈现给消费者，既吸引了消费者多次消费，又扩大了消费市场。要依托数字经济拓展"飞地式"消费场景，数字经济能够直接将有内在联系的红色文化景点、历史文化知识进行联动，从而将整个历史事件生动全面地呈现给游客，依托移动互联网、二维码等渠道，消费者在某一景点消费后，相关的知识能够通过网络被手机所获取并有效存储，方便消费者多维度、回顾性消费。

三是依托数字化构建全产业链红色文化推广应用新模式。依托科技、文旅、工信等部门项目资金，鼓励支持打造一批能体现我国红色文化特色优势的数字化应用项目，优化长视频、短视频、音频等内容产业版图，依托"云端"，进行云演出、云直播、云录制、云展览、云综艺、云拉歌，强化"科技+文化"的供给，支持重点红色文旅城市建成泛在融合的超大规模城市智能终端设施体系。

四是创新数字化基础设施支撑开发利用新模式。创新性地依托算力租赁、共享等模式，持续推进数据中心、云计算、人工智能、物联网、区块链等新一代基础设施建设，加快建成支撑人工智能大模型和区块链创新应用的高性能算力和高质量数据基础设施，提升红色文化传播的科技硬实力[①]。

五 由国内到国外加快塑造红色文化表现力传播力影响力提升体系

围绕红色文化"传播什么""谁来传播""向谁传播""怎么传播""传播效果如何"五大问题，把握表现力传播力影响力产生的源泉，不断扩大红色文化影响半径。

---

① 郭克莎、杨佩龙：《中国产业数字化改造的机制和政策》，《经济学动态》2023年第3期。

一是立足本地构建影响全域的红色文化内容生产-传播体系。把红色文化作为聚人气、铸品牌、强产业的有效路径，持续鼓励围绕红色民歌、红色故事、红色标语、革命影音资料、口述史等文化遗产进行创作，充分调动红色文化机构和从业人员、其他各类人才及市场主体的积极性，推动创作、生产和传播向"云上"拓展，完善内容制作、储存、播发、交易全链条的数字红色文化产业生态，让红色文化从一地走向全国。

二是放眼国内以合作打造有影响力的产品和服务体系。依托铁路、公路、水路及空中运输通道，持续发挥"建党百年红色旅游百条精品线路"优势，深化区域间红色文化合作，以有人气、有品质的红色文化景区景点整合带动其他红色文化资源，形成梯次结构，不断提升行业影响力。

三是着眼全球以文明交流互鉴为导向扩大红色文化影响力。鼓励支持各地主动作为，通过与国外城市之间互动、民间互动，启动红色文化走向世界品牌活动，在国外开展红色文化展览、展演活动，加强国际传播能力，加快建设省级国际传播中心，推动有红色基因的外宣采访点建设，推进民间外宣有序发展，整合国际人脉资源，将红色文化作为一张响亮名片融入对外传播体系中去。

四是打破区域红色文化资源"上网共享"滞后难题，加快建设线上线下互促互融发展体系。由于红色文化资源分布地域广泛，且隶属于不同单位管理，多头管理、多线联系的情况非常普遍，一定程度上影响了红色文化资源"连点成线"。如众多红色人物资源大多仍然处于"线下"保护状态，线上开发不够，即使有线上服务，更多的还停留在扫码解说层面，未能依托数字化技术将人物之间、人物与重大事件之间进行关联。破解这一难题，要加快打造数字化公共服务平台，着力推进景区智慧大脑、AI中台等数字化应用体系建设，将开发利用价值高的红色文化资源纳入全域数字化平台。

第五章　科技与文化制造

"文化制造"是指通过文化与制造业的深度融合，将文化元素、创意设计、科技手段等融入产品制造过程中，提升产品的文化内涵、附加值和市场竞争力。在文化制造业中，文化装备制造是重中之重。文化装备制造业是指为满足文化生产与传播需要而进行的各类专用材料与设备的研发、制造以及相关配套系统集成服务的产业经济形态，是一个国家文化软实力的重要基石，也是战略性新兴产业和数字经济核心产业的关键组成部分。国家统计标准中文化装备制造领域统计分类范围如表5-1所示。

表5-1　国家统计标准中文化装备制造领域统计分类范围

序号	国家统计标准	文化装备制造领域统计分类范围
1	《战略性新兴产业分类（2018）》	共涉及1个大类（数字创意产业），1个中类（数字创意技术设备制造），1个小类（数字创意技术设备制造），8个国民经济行业（电影机械制造、广播电视节目制作及发射设备制造、广播电视接收设备制造、专业音响设备制造、应用电视设备及其他广播电视设备制造、电视机制造、音响设备制造、其他智能消费设备制造）
2	《新产业新业态新商业模式统计分类（2018）》	共涉及1个大类（先进制造业），1个中类（新一代信息技术设备制造），1个小类（数字创意技术设备制造），8个国民经济行业（电影机械制造、广播电视节目制作及发射设备制造、广播电视接收设备制造、专业音响设备制造、应用电视设备及其他广播电视设备制造、电视机制造、音响设备制造、其他智能消费设备制造）

续表

序号	国家统计标准	文化装备制造领域统计分类范围
3	《数字经济及其核心产业统计分类（2021）》	共涉及1个大类（数字产品制造业），2个中类（数字媒体设备制造、其他数字产品制造业）和11个垂直小类（其中，数字媒体设备制造包括广播电视节目制作及发射设备制造、广播电视接收设备制造、广播电视专用配件制造、专业音响设备制造、应用电视设备及其他广播电视设备制造、电视机制造、音响设备制造、影视录放设备制造。其他数字产品制造业包括记录媒介复制、电子游戏游艺设备制造、信息化学品制造）

资料来源：根据国家统计局相关标准整理而来。

第一节 文化制造发展现状、问题与趋势

文化制造业作为新兴的经济形态，正以其独特的魅力和巨大的潜力吸引着全球的目光。科技创新、国际化、可持续发展等趋势将引领行业走向更加广阔的未来。然而，面对快速变化的市场环境和激烈的国际竞争，文化制造业也需要不断地进行自我革新和调整，以适应新的发展要求。2017—2022年规模以上文化制造业企业情况如表5-2所示。

表5-2 2017—2022年规模以上文化制造业企业情况

	2017年	2018年	2019年	2020年	2021年	2022年
单位数（个）	19803	19919	19284	19479	21099	21809
从业人员（万人）	488	441	399	384	391	366
总资产（亿元）	34104	34125	33288	35096	37401	39234

资料来源：国家统计局编《中国统计年鉴2023》，中国统计出版社，2023。

一 文化制造业发展现状

在全球化和信息技术革命的推动下，文化制造业正经历着前所未有的变革。文化制造业是指以文化创意为核心，通过工业化生产方式制造文化产品和提供文化服务的产业。它涵盖了出版、影视、

音乐、设计、艺术品制作、文化遗产保护等多个领域。以下是对文化制造业发展现状的详细分析。

1. 产业规模持续扩大

随着经济的持续增长和人们生活水平的提高，文化制造业的市场需求不断扩大。政府对文化产业的重视也为行业的发展提供了有力支持。文化制造业已经成为许多国家和地区经济增长的新动力。国家统计局数据显示，2024年上半年，文化制造业实现营业收入19221亿元，比上年同期增长5.4%（见表5-3）。

表5-3 2021年至2024年上半年文化制造业发展情况

	2021年	2022年	2023年	2024年上半年
营业收入（亿元）	44030	51932	40962	19221
同比（%）	14.7	-1.1	0.6	5.4

资料来源：国家统计局。

2. 产业结构不断优化

传统的文化制造业以内容创作和物质生产为主，而现代文化制造业则更加注重创意设计和技术应用。数字技术的应用使得文化产品的形式更加多样化，如电子书、在线音乐、数字电影等。此外，文化制造业的服务化趋势也日益明显，如文化体验、文化旅游等服务型产品的兴起。国家统计局数据显示，2023年，文化新业态特征较为明显的16个行业小类[①]实现营业收入52395亿元，比上年增长15.3%，比全部规模以上文化企业高7.1个百分点。文化新业态行业对全部规模以上文化企业营业收入增长的贡献率为70.9%。2024年

---

① 文化新业态特征明显的16个行业小类是：广播电视集成播控，互联网搜索服务，互联网其他信息服务，数字出版，其他文化艺术业，动漫、游戏数字内容服务，互联网游戏服务，多媒体、游戏动漫和数字出版软件开发，增值电信文化服务，其他文化数字内容服务，互联网广告服务，互联网文化娱乐平台，版权和文化软件服务，娱乐用智能无人飞行器制造，可穿戴智能文化设备制造，其他智能文化消费设备制造。

上半年，文化新业态特征较为明显的16个行业小类实现营业收入27024亿元，比上年同期增长11.2%，比全部规模以上文化企业高3.7个百分点。

3. 科技创新驱动发展

科技创新是推动文化制造业发展的关键因素。信息技术、人工智能、虚拟现实等新技术的应用，为文化制造业带来了新的发展机遇。这些技术不仅改变了文化产品的生产方式，还创造了新的消费体验和文化形态。以数据驱动、人机协同、共创分享等为特征的数字文化装备制造将迎来新一轮发展机遇，腾讯研究院发布的《2022文化科技十大前沿应用趋势》，从"虚实共生""多维视听""商业创新""跨界应用"四个层面出发，提炼出2022年文化科技应用的十大前沿趋势。在技术创新持续活跃的环境下，知识产权保护成为关键。文化制造业的核心是创意和知识，因此知识产权保护对于行业的健康发展至关重要。各国政府和国际组织都在加大知识产权立法和执法力度，以保护创作者的权益，鼓励创新。

4. 国际化趋势加强

随着全球化进程的加快，文化制造业的国际化趋势日益明显。一方面，跨国公司在全球范围内布局，推动了文化产品的国际流通；另一方面，本土文化产品也在积极拓展国际市场，参与国际竞争。2023年，中国文化产业出口额同比增长20%。虽然文化制造业整体上呈现出蓬勃发展的态势，但不同地区之间的发展水平存在较大差异。发达地区的文化制造业往往具有更强的创新能力和市场竞争力，而欠发达地区则面临着基础设施落后、人才短缺等问题，这就导致一些落后地区文化出口难度更大。

5. 人才需求日益增长

随着文化制造业的发展，对人才的需求也在不断增长。不仅需要具备创意和艺术才能的人才，还需要懂技术、会管理、善营销的复合型人才。因此，人才培养成为行业发展的重要课题。教育部2023年11月发布《教育部关于深入推进学术学位与专业学位研究生教育分类发展的意见》后，数字文化产业专硕试点工作积极有序推进，上海交通大学和中山大学先后设立了数字文化产业专业硕士学位，为数字文化产业专硕学位点在全国范围内设立并进入学科目录奠定了坚实的基础。

6. 消费升级带动产业转型

从消费角度看，国际经验表明，人均GDP达到1万美元以后，服务消费将进入加速扩容阶段。目前，主要发达国家已形成以服务消费为主的消费结构，美国服务消费占全部消费的比重高达68%，英国、日本也在55%以上。我国人均GDP已超过1.2万美元，中等收入群体不断扩大，居民消费将加速向服务消费、精神消费升级，其中很大一部分是文化创意领域消费。2022年，我国人均服务消费支出占居民人均消费支出的比重为43.2%，教育文化娱乐消费支出占比为10.1%。消费升级和人民群众不断增长的美好生活需要为文化创意产业创造了广阔市场空间[1]。消费者对文化产品的需求正在从单一的功能性需求向个性化、多样化、高品质的方向转变。这要求文化制造业不断提高产品质量，创新服务模式，满足消费者的新需求。

二 文化制造业存在的问题

随着文化制造业的迅猛发展，一系列问题也逐渐显现，这些问题不仅影响了行业的健康发展，也对社会经济产生了深远影响。以下是对文化制造业存在问题的详细分析。

---

[1] 洪群联：《我国文创产业高质量发展面临的主要问题》，腾讯网，https://mp.weixin.qq.com/s?__biz=MzkyODQyODcwNQ==&mid=2247487026&idx=2&sn=a002f78025b5b49c9acf2455963300dd&chksm=c219a9fcf56e20ea56c71f31fd27d8d23e0edd65e6d1052763683801089c061eb781179085c3&scene=27。

1. 创意与创新不足

许多企业和产品缺乏创新精神，模仿和重复现象普遍，原创性和独特性不足，这导致市场上充斥着大量同质化的产品，难以满足消费者日益增长的个性化需求。以可穿戴设备为例，Canalys 研究报告指出，2024 年第一季度，全球可穿戴腕带设备的出货量达 4120 万台，出货量与去年同期基本持平。厂商方面，2024 年第一季度，位居前列的苹果、小米和华为分别占据 18%、15% 和 13% 的市场份额，但比较来看，小米主要聚焦于中低端市场，创意和创新能力仍然有待提升。

2. 技术应用与融合滞后

尽管科技创新为文化制造业带来了新的发展机遇，但许多企业在技术应用和融合方面滞后。一些企业对新技术的投资不足，或者缺乏将技术与文化内容有效结合的能力，这限制了产品的创新潜力和市场竞争力。2024 年，国产单机游戏《黑神话：悟空》在海内外玩家 4 年的漫长等待后如约而至。这一取材于《西游记》《封神榜》等神话、具有鲜明中国传统文化特征的游戏，开放当日即斩获 450 万份销量，销售额突破 15 亿元。在国际游戏平台 Steam 上，同时游玩人数突破 200 万人，创下该平台同时游玩人数第二高的历史纪录。这些成就表明，传统文化具有广阔的市场，但总体上，行业 IP 挖掘依然不够，爆款 IP 衍生不够。

3. 产业链条不完善

文化制造业的产业链条包括创意、生产、销售等多个环节。目前，许多地区的文化制造业链条尚不完善，特别是在创意研发和市场营销方面存在薄弱环节，这影响了整个产业的协同效应和价值链的提升。以音视频产业链为例，视听传播关键环节技术的研发能力和创新能力仍有不足，特别是在 CMOS、GPU、视听制作软件等领域还存在一些"卡脖子"技术环节，现有技术产品与业务需求的契合度也有待进一步提升。当前，各级融媒体中心创建的各类技术平台仍不能很好地实现资源整合、高效管理的目标，更难形成技术驱动业务流程和业务模式创新的效应。这不仅使网络、算力、数据、媒体资产等核心资源较为分散，没有得到高效利用，更导致了数据基础设施和数据资源体系作为数字化核心要素的基础性作用没有发挥出来，进而影响了视听媒体的数字化转型发展和数字化传播能力提升[①]。

4. 行业生态有待优化

知识产权保护不力。知识产权是文化制造业的核心资产，但在实践中，知识产权保护面临着诸多挑战。盗版和侵权行为普遍存在，这不仅损害了创作者和企业的合法权益，也抑制了创新活动的积极性。资金投入不足。文化制造业的发展需要大量的资金支持，尤其是在创意研发和技术创新方面。然而，由于风险较高和回报周期较长，许多投资者对文化制造业持谨慎态度，行业内资金投入不足，影响了项目的推进和企业的成长。人才短缺。文化制造业对人才的需求具有多样性和专业性的特点。然而，当前行业内专业人才尤其是跨界融合型人才的供给不足，限制了行业的创新能力和发展潜力。市场环境不成熟。文化制造业的市场环境尚未完全成熟，表现在市场监管不完善、行业标准缺失、消费者权益保护不足等方面。这些问题不仅影响了市场的公平竞争，也降低了消费者的购买意愿。政策的制定与实施存在不足。政府对文化制造业的支持政策在制定和实施过程中存在不足。一些政策措施未能充分考虑行业特点和实际需求，或者在实施过程中效果不佳，未能真正发挥预期的促进作用。

5. 国际化程度有限

尽管文化制造业的国际化趋势日益明显，但整体上，行业的国际化程度仍然有限。一些企业和产品在国际市场上的知名度和影响力不大，国际竞争策略和品牌建设也需要进一步加强。

---

① 卢迪、彭佳、李宽：《新质生产力视角下数智赋能视听传播的问题破解与机制创新》，《视听界》2024 年第 4 期。

综上所述，文化制造业虽然发展迅速，但也面临着一系列挑战和问题。解决这些问题需要行业内外共同努力，包括加强创意和创新、推动技术应用、完善产业链条、加大资金投入、培养专业人才、完善市场环境、拓展国际市场、落实政策支持以及推动可持续发展等。上述措施可以促进文化制造业健康发展，使其成为推动经济增长和文化繁荣的重要力量。

三 文化制造业发展趋势

在全球化和信息化的背景下，文化制造业正面临着前所未有的发展机遇和挑战。随着科技的不断进步和社会需求的多样化，文化制造业的发展趋势呈现出以下特点。

1. 数字化转型

数字技术的快速发展正在深刻地改变文化制造业的生产、销售和消费模式。数字化不仅提高了生产效率，降低了成本，还创造了新的文化产品和服务形式，如数字艺术、在线娱乐等。未来，数字化转型将成为推动文化制造业发展的核心动力。

2. 个性化与定制化

随着消费者对文化产品个性化和定制化需求的增加，文化制造业将更加注重满足消费者的个性化需求。利用大数据、人工智能等技术，企业能够更好地了解消费者的喜好，提供更加精准的个性化服务。

3. 跨界融合

文化制造业与其他行业的跨界融合将成为常态。例如，文化与科技、旅游、教育等领域的结合，将产生新的产品和服务模式。这种跨界融合不仅能够创造新的市场机会，还能够提升文化产品的附加值。

4. 绿色可持续发展

环境保护和社会责任成为全球关注的焦点，文化制造业也不例外。未来的文化制造业将更加注重环保材料的使用、节能减排的生产方式，以及文化遗产的保护和传承。可持续发展将成为行业发展的重要方向。

5. 国际化拓展

随着全球经济一体化的加深，文化制造业的国际化趋势将更加明显。企业将通过参与国际交流、合作和竞争，提升自身的国际影响力。同时，本土文化产品也将努力走向世界，展现多元文化的魅力。

6. 创意与创新驱动

创意和创新是文化制造业的生命线。未来，企业将更加重视原创内容的开发和创新技术的应用。通过不断地创新，企业能够提供更具吸引力的文化产品和服务，从而在激烈的市场竞争中脱颖而出。

7. 知识产权保护加强

为了鼓励创意和创新，知识产权保护将成为文化制造业发展的关键。政府和企业将共同努力，加强知识产权方面的立法和执法，保护创作者的权益，营造良好的创新环境。

8. 多元化融资渠道

资金是文化制造业发展的重要支撑。未来，企业将通过多元化的融资渠道，如股权融资、债券发行、众筹等方式，解决资金短缺的问题。同时，政府也将提供更多的财政支持和政策优惠，促进行业的健康发展。

9. 人才培养与引进

人才是文化制造业发展的核心资源。未来，企业将加大对人才的培养和引进力度，特别是在创意设计、技术开发、市场营销等关键岗位上。同时，高校和研究机构也将与企业紧密合作，共同培养适应行业发展需求的高素质人才。

10. 政策环境优化

政府对文化制造业的支持政策将更加精准和有效。通过制定符合行业特点的政策、提供税收优惠、建立行业标准等措施，政府将为文化制造业的发展创造更加有利的外部环境。

综上所述，文化制造业在未来将面临数字化转型、个性化与定制化、跨界融合、绿色可持续发展、国际化拓展、创意与创新驱动、知识产权保护加强、多元化融资渠道、人才培养与引进以及政策环境优化等发展趋势。这些趋势将对文化制造业的发展产生深远影响，要求企业和政府不断适应新的变化，采取有效措施，以促进行业的持续健康发展。

第二节　科技赋能文化制造

科技与文化融合发展对文化制造业的促进作用是多方面的、综合性的。这种促进作用不仅有助于提升企业的竞争力和市场份额，也有助于推动整个产业链的优化升级和国际化发展。

一　为文化制造业提供了新的发展机遇

随着科技的不断进步和文化创意产业的蓬勃发展，一些传统的制造业领域开始向高附加值、高技术含量的先进制造业转型。在这种转型过程中，科技与文化的融合发挥了关键作用。例如，在产品设计、生产工艺、市场营销等方面融入文化元素，提高了产品的附加值和市场竞争力。同时，先进制造技术如智能制造、3D打印等的应用，也为文化创意产业提供了更多可能性。

二　为文化制造产业链的完善提供了支撑

在科技与文化融合的背景下，先进制造业不再仅仅关注产品生产本身，而是将目光投向整个产业链的优化和升级。这包括原材料供应、物流配送、售后服务等环节的改进和完善。通过引入先进的科技手段和文化理念,企业能够更好地掌握市场需求,提高生产效率,降低成本,提升产品质量和服务水平。这不仅有利于企业自身的发展,也有助于整个产业链的竞争力提升。

三 为文化制造产业链的国际化提供了契机

随着全球经济一体化的加深,先进制造业面临着更加激烈的国际竞争。在这种背景下,科技与文化的融合为企业开拓国际市场提供了有力支持。一方面,通过融入当地文化元素,企业能够更好地适应不同国家和地区的市场需求;另一方面,借助先进的科技手段,如互联网、大数据等,企业能够更快速地获取国际市场信息,开展跨国经营。此外,国际合作与交流也为企业提供了学习先进技术、管理经验和文化创意的机会。

四 促进了先进文化制造业底层技术研发

科技与文化融合发展对先进制造业底层技术研发的促进作用主要体现在以下几个方面。

一是科技与文化的融合为先进制造业底层技术研发提供了新的思路和方向。随着科技的不断进步和文化创意产业的蓬勃发展,一些传统的制造业领域开始向高附加值、高技术含量的先进制造业转型。在这个过程中,科技与文化的融合为底层技术研发提供了新的契机。例如,通过将文化元素融入产品设计和生产工艺中,企业能够开发出更具特色和创新性的产品。这种融合不仅提高了产品的附加值和市场竞争力,也为底层技术的研发提供了新的方向和动力。

二是科技与文化的融合为先进制造业底层技术研发提供了跨学科的合作平台。在科技与文化融合的背景下,不同学科领域的专家和机构开始加强合作,共同推动底层技术的研发。这种跨学科合作有助于打破传统学科界限,促进知识共享和思维创新。例如,材料科学、电子工程、计算机科学等领域的专家可以与艺术家、设计师、文化学者等共同探讨如何将文化元素融入产品的设计和技术中。这种合作不仅有助于提高底层技术研发的效率和质量，也为企业带来了更多的创新机会。

三是科技与文化的融合为先进制造业底层技术研发提供了资金和政策支持。许多国家和地区都意识到科技与文化融合对经济发展和社会进步的重要性，因此纷纷出台相关政策和措施来支持这方面的发展。这些政策和措施包括提供财政支持、设立专项基金、实施税收优惠政策等。这些资金和政策的支持为先进制造业底层技术研发提供了有力保障，降低了企业的创新风险和成本。同时，政府还通过建立研发平台、举办竞赛活动等方式，进一步激发企业的创新活力和技术研发投入。

除了上述三个方面外，科技与文化融合还为先进制造业底层技术研发带来了其他方面的效益。例如，通过推广绿色制造、循环经济等理念和技术，企业能够实现可持续发展；通过加强知识产权保护和创新激励机制建设，企业能够更好地保护自身利益并激发创新活力；通过培育具有国际竞争力的品牌和企业集群，整个产业链的竞争力也将得到提升。

第三节 数智化时代文化装备制造行业发展

随着科技的不断进步，尤其是信息技术和人工智能的迅猛发展，传统文化装备制造领域正面临一场深刻的智能化转型。这一转型不仅体现在生产效率的提升上，更体现在它为文化产业带来了前所未有的创新机遇和挑战。

一 智能技术在文化装备制造中的应用

智能技术的应用是推动文化装备制造业升级的关键力量。以数字化、网络化、智能化为核心的技术革新，使得文化装备制造领域出现了多种高度自动化和智能化的制造设备。例如，通过引入智能制造系统（如工业机器人、自动化生产线等），文化装备制造不仅提高了生产效率和产品质量，而且能够进行更为复杂和精细的工艺操作，满足市场对于高品质文化产品日益增长的需求。

二　产品创新与产业升级

智能升级为文化装备制造带来了产品层面的创新。传统意义上的文化装备多指音乐器材、印刷设备、影视拍摄装备等。而今天，在智能技术的加持下，这些装备正变得更加多样化和个性化。以数字印刷技术为例，它不仅大大提高了印刷效率，降低了成本，还实现了按需打印和个性化定制，满足了消费者多样化的文化需求。

三　产业链整合与价值提升

随着智能技术的融入，文化装备制造领域的产业链得到了有效整合。智能化不仅改变了单个企业的生产模式，还通过产业链上下游的紧密联动，推动了整个产业的协同发展。例如，通过大数据分析，企业可以精准掌握市场需求，从而指导产品研发和生产；借助云计算技术则可以实现资源共享，降低企业运营成本，提高响应速度。这些变革显著提升了文化装备制造业的整体价值。例如，某知名乐器制造企业在引入智能机器人后，不仅将操作误差降至最低，还缩短了生产周期，增强了市场竞争力。又如，数字影院的兴起，正是科技创新应用于文化装备制造并带动整个电影产业升级的生动体现。

四　助力终端技术更新迭代

在当今这个日新月异的科技时代，终端技术作为连接用户与数字世界的桥梁，其更新迭代的速度和质量直接影响着数字经济的发展。"科技+文化"融合发展的模式，正助力终端技术的更新迭代，推动着整个文化产业以及相关领域的持续创新和繁荣。科技和文化的深度融合为终端技术的创新提供了丰富的土壤。一方面，文化的内涵与科技的前沿探索相结合，激发了设计创意和功能创新；另一方面，文化多样性的需求推动了终端技术的定制化和个性化发展。例如，增强现实技术和虚拟现实技术的应用，让用户能够沉浸式地体验文化内容，这不仅提升了用户体验，也拓展了终端技术的使用场景。在"科技+文化"的驱动下，终端技术产品的迭代周期大大缩短。企业为了抓住市场机遇，必须加快研发步伐，不断推出新产品。这种快速迭代不仅体现在硬件性能的提升上，还包括软件服务的持续优化和更新。通过大数据分析和云计算等技术，企业能够更好地理解消费者需求，预测市场趋势，从而提前布局下一代产品的研发。科技和文化的融合提高了终端技术的普及率及影响力。随着科技与文化的结合，终端技术产品已经渗透到人们的日常生活中的每一个角落。从教育学习到娱乐休闲，再到商务办公，先进的终端技术提高了效率，丰富了体验。特别是5G、人工智能等技术的普及，使得终端设备更加智能化，为用户提供了更高品质的服务，同时也扩大了科技和文化融合的社会影响力。

五 "科技+文化+制造"成为一种新业态

"科技+文化+制造"既是展现中国制造的重要窗口，更是推动"文化+科技+旅游"深度融合发展的战略抓手，在聚人气、聚财气、聚心气等方面展示了强大动力，起到了良好示范作用。中研普华产业研究院发布的《2024—2029年工业旅游产业现状及未来发展趋势分析报告》显示，全球工业旅游产值占旅游总产值的10%—15%。我国工业旅游市场占有率还不到5%，这反映出我国工业旅游未来还有巨大的市场空间。智研瞻产业研究院发布的《中国工业旅游深度调研与投资战略规划分析报告》显示，近年来，我国工业旅游游客接待量年均增速在30%以上，旅游收入年均增速约为24.5%。

尽管智能升级为文化装备制造带来了诸多积极影响，但在推进过程中也面临着一系列挑战。例如，技术更新换代速度快，企业投资压力大；智能化对人才的要求较高，而相关人才短缺；此外，数据安全和隐私保护等问题也日益突出。针对这些挑战，企业需要制定长远的战略规划，加大研发投入，强化人才培养和引进，同时加强数据管理和安全防护措施。

综上所述，智能技术的应用正在深刻改变文化装备制造行业。从提高生产效率到推动产业链整合，再到促进产品创新，智能化正在为文化装备制造带来全方位的提升。面对新技术带来的挑战，企业需采取积极策略，拥抱变革，以实现可持续发展。在这一过程中，政府、行业协会以及教育机构等也应发挥各自作用，形成推动智能升级的强大合力。

第四节 行业考察

湖南是中国烟花爆竹产业的重要基地之一，被誉为"中国烟花之乡"，其烟花爆竹文化源远流长。然而，随着社会经济的发展和环境保护意识的提高，烟花爆竹产业也面临着一系列的问题和挑战。因此，研究湖南烟花爆竹产业的高质量发展对于推动该产业的转型升级具有重要意义。通过加强宏观调控、创新燃放机制、联合湘赣边产区、推进科技赋能、优化产业环境等举措，湖南烟花爆竹产业链高质量发展上行有力。部分地区更是明确提出了烟花爆竹产业高质量发展要求，如《浏阳市烟花爆竹产业高质量安全发展三年行动计划（2022—2024年）》《浏阳市打造"世界花炮之都"十条激励政策》等文件都做出了部署。为了解包括彩印包装、花炮原辅材料、花炮生产与销售等在内的花炮生产经营情况，2024年2月3日—24日，课题组到8家生产企业、1家仓储物流企业、3家零售企业调研。

一 烟花爆竹产业发展"三高三低"困境

为深入了解烟花爆竹产业发展情况，课题组深入生产企业、销售主体展开调研，并着重分析了某企业的生产经营数据，了解行业发展现状。

1. 环保要求高与产业创新能力偏低的困境

调研对象反馈，受各地"禁燃"等要求影响，2023年除礼花弹等少数产品外，大量的小型烟花出现供过于求的问题。从重点调查的生产经营对象来看，该生产者反馈，2022年下半年曾出现"有货就能卖，基本不需要进仓库"的盛况，产品价格也节节攀高，年末价格是年初的3倍左右；但2023年末，由于浏阳等地采取更为宽松的监管政策，同质化产品大量出现，产品销售难度大，部分生产者甚至出现积压50%左右的产品的现象。课题组到仓库调研存货情况时，发现大量的产品将仓库"挤得满满"的，这表明一定程度上出现结构性过剩。政策上，国家环保要求高，国务院《烟花爆竹安全管理条例》第二十八条规定："县级以上地方人民政府可以根据本行政区域的实际情况，确定限制或者禁止燃放烟花爆竹的时间、地点和种类。" 2015年以来，一些地方陆续出台了"禁燃令"，2023年济南等地依然推行烟花爆竹禁放政策，但也有部分地区开始"松绑"。2023年12月26日，在十四届全国人大常委会第七次会议上，全国人大常委会法制工作委员会主任沈春耀报告了2023年备案审查工作情况，其中便提到"全面禁燃烟花爆竹不合法"这一案例。2023年初，河南、广东、山东、辽宁等地将"禁止"改为"限制"，规定民众在特定时段和区域内可以燃放烟花爆竹，通过细致的规定引导人们科学适度燃放烟花爆竹，引来一片叫好声。

2. 仓储运输成本高与现代物流体系建设水平偏低的困境

烟花爆竹行业仓储运输成本高主要体现在三个方面。一是仓储租赁成本高。调查显示，100平方米的仓库租赁一年成本约3万元，且需要雇用仓库附近务工人员搬运货物，综合估算，一年成本约5万元。二是运输成本高。由于烟花爆竹属于危险物品，需要雇用专业车辆运输，运费普遍偏高，大多数中小企业采取"偷运"方式运送到仓库，一旦被执法人员抓获，需要付出巨大的成本。三是特许经营带来的高成本。以上海为例，根据《上海市烟花爆竹安全管理条例》的要求，只有指定的销售点可以销售烟花爆竹；同时，购买烟花爆竹必须实名登记身份信息及联系电话。烟花爆竹行业需要现代化的仓储物流体系来支撑，但实践中，由于烟花爆竹产业链偏短，市场需求不大，配套商贸物流体系建设不够现代化，甚至安全生产事故难以杜绝。如2023年12月13日，福建宁化县城南镇一烟花爆竹店突发火灾。

3. 投入成本高与实际利润水平低的困境

当前，烟花爆竹生产经营投入高，形成了较高的门槛。以可以坐20—25个操作工的生产车间为例，租赁一个车间，一般需要40万—50万元的租赁费（配套100平方米左右的仓库），但生产者还需要配套租赁2万—5万元的仓库，以应对可能出现的存货。一个车间，需要配套1名安全员、1名管理员（一般负责生产管理、货物搬运、人员接送等工作），且需要配套购买2—3辆车（1辆小货车，2辆面包车），此外，生产者还需要购买保险、负责员工午餐，由此测算，租赁一个车间的基本支出为七八十万元（见表5-4）。据访谈，租赁车间从事生产，还需要支付各种材料费，总体而言，需要有100万元以上的投入才能开工投产。同样，零售业务也需要较大的投入，调查显示，当前普遍采用订货模式，即需要事前支付30%—70%销售额，以便以相对固定、低廉的价格获取货物，此外，还需要门店等零售场所。综合估算，烟花爆竹生产商利润率约为10%—30%，但由于高投入，以及技术等壁垒，中小投资者已经不适合新进入该行业。

表5-4 租赁车间基本费用情况

单位：万元

项目	车间租赁费	仓库租赁费	安全员工资	管理员工资	车辆运行费	其他费用
金额	40—50	2—5	2	6	6	15

二 烟花爆竹产业发展虽难但意义特殊

烟花爆竹，不仅是一个富民增收的产业，也是一个具有特殊纪念意义的符号。规范有序发展烟花爆竹产业，既可以带动区域经济发展，一定程度上还会增加区域品牌影响力，进而带动要素集聚、营商环境优化。

1. 营造节庆会展的氛围

烟花爆竹与中国的古代礼仪制度分不开，如过年过节、燕尔新婚、生子添丁、高堂祝寿、华厦落成、乔迁新寓、破土奠基、生意开张、亡者礼葬等，无不燃放花炮。烟花爆竹，其声音给人以震撼，其造型和颜色给人以美感，成为节庆会展的重要选择。第二十四届冬季奥林匹克运动会开幕式等活动有花炮助力就是证明之一。

2. 增收增税的有效途径

烟花爆竹行业的整体税率较高，《中华人民共和国消费税暂行条例》消费税税目税率附表规定"鞭炮、焰火15%"；生产、销售烟花爆竹，一般纳税人适用17%的税率。特别是，调研发现，烟花爆竹企业为满足生产需要，往往会按照当地政府的要求及时、足额缴纳税金，甚至提前缴纳税金以达到开工要求，这就成为增加基层收入的有效途径。另外，烟花爆竹还是一个富民产业，在浏阳市大瑶镇调研发现，该镇人口总数中约50%从事花炮产业，进而带动当地90%以上的家庭规避青壮劳动力"离家打工"带来的留守儿童、留守老人等问题。2023年，浏阳市有烟花爆竹生产企业431家，从业人员30余万人，年发放社会工资近200亿元；万载县实现花炮总产值202.6亿元，税收4.28亿元，产业链条上从业人员有15万余人，年发放工资总额超过40亿元；醴陵市有烟花爆竹生产企业176家，上下游从业人员有15万人（见表5-5）。

表5-5 2020—2023年湖南省部分县市烟花爆竹产业发展情况

单位：家，亿元

县市	类别	2020年	2021年	2022年	2023年
浏阳市	生产企业数量	443		406	431
	产值	202.9	261.5	301.5	500
醴陵市	生产企业数量	180		176	176
	产值	112		180	
上栗县	生产企业数量			157	181
	产值			70	150
万载县	生产企业数量			158	
	产值	85		150.3	202.6

3. 区域发展的重要动能

根据《国务院安委会办公室关于调整烟花爆竹安全监管重点县的通知》（安委办函〔2016〕16号），全国有4个省（区）的13个县（市、区）为全国烟花爆竹重点县，这些地区的烟花爆竹产业对区域发展具有一定的推动作用，通过"烟花爆竹转型升级集中区建设"，甚至成为主导产业之一。2022年，浏阳市花炮产业总产值为

301.5亿元，2023年达到500亿元，2023年有烟花爆竹生产企业431家，经营、批发、仓储公司534家，包装、印刷、机械生产企业400多家，具备燃放资质的企业51家，已形成完整的产业集群。此外，烟花爆竹还是出口创汇的重要产业，2022年、2023年，我国烟花爆竹出口额均在10亿美元以上（见表5-6）。

表5-6　2015—2023年我国烟花爆竹出口情况

单位：亿美元

年份	2015年	2016年	2017年	2018年	2019年	2020年	2021年	2022年	2023年
出口额	8.47	7.32	7.20	8.66	7.97	6.41	8.05	11.41	10.25

三　加快推进湖南烟花爆竹产业高质量发展的路径

通过这几年的转型升级，湖南花炮产业，特别是以浏阳为代表的湘赣边主产区，在全球范围内已经具备了强大的产业竞争力。推进烟花爆竹产业高质量发展，可以从制度-管理-产品-技术四个维度提升行业发展水平。

1. 推进制度创新构建精细化精准化管理体系

完善政策支持体系，确定重点支持的龙头企业，从政策支持、资金投入、市场开拓等方面，鼓励企业做大做强。加强区域公共品牌建设，加强对市场的监管，打击假冒伪劣产品的生产和销售。完善监管政策，组建跨部门联合工作领导小组，多方联动研究"禁改限"方案，畅通环保、市场监管、公安、消防、应急、环卫、城管等部门联席沟通机制，提升监管水平，努力实现监管全覆盖、过程可追踪。提升燃放的组织性，调整燃放烟花爆竹政策，设立集中燃放点，在规定时段、规定区域，合理、有序引导禁放区有需求的市民燃放。对可以燃放的烟花爆竹进行分类，危险性较大的，不建议个人进行燃放。

2. 提升产品和服务品质

提高产品质量是烟花爆竹实现高质量发展的关键之一,通过加强质量管理,提升产品的可靠性和安全性,赢得消费者的信任和支持。积极引导企业建立健全质量管理体系,包括质量控制、质量检测和质量保证等方面。通过制定和执行严格的质量标准和规范,确保产品符合相关的质量要求和安全标准。加强供应链管理,从源头提升产品质量,鼓励企业与供应商建立长期稳定的合作关系,确保原材料的质量和供应的可靠性。同时,加强对供应链的管理和监控,提高产品质量的稳定性和一致性。注重品牌建设,提升产品的知名度和信誉度,增强消费者对产品的信任和认可。

3. 推进技术和工艺革新

创新产品设计是实现高质量发展的重要方面,湖南烟花爆竹企业应更加注重产品设计的创新,满足消费者对多样化、个性化产品的需求。依托专项资金,鼓励烟花爆竹企业积极引进国内外先进的技术和设备,提升产品设计和制造的水平,开发具有独特效果或功能的烟花爆竹产品,提升产品的附加值和市场竞争力。烟花爆竹企业应加大对产品技术研发和创新的投入,加强技术研发和创新能力建设,鼓励企业培养和引进高层次的科研人才,建立研发团队,通过开展研究和试验,不断改进产品的性能,提升产品的安全性和可靠性,推出具有创新性的产品。加强知识产权保护,通过专利制度和其他知识产权保护措施,保护科技研发成果,提升企业的核心竞争力。

4. 加快引导行业绿色发展

鼓励烟花爆竹企业引进环保设备和技术,改进生产工艺,减少对环境的污染。鼓励生产主体积极采用低污染的原材料和生产工艺,控制废气、废水和废弃物的排放,以减少对环境的负面影响。改进和优化生产工艺,通过提高生产效率和资源利用率,减少能源消耗和废弃物的产生。通过加大对违法行为的处罚力度，有效遏制环境污染问题，推动企业绿色生产。积极倡导绿色消费和可持续发展观念，引导消费者选择环保、安全的产品。通过开展宣传教育活动，提高消费者的环保意识和责任意识，推动市场需求向绿色、可持续产品转变。

第六章　科技与文化消费

从引起消费者注意到激发其了解文化产品信息、产生购买欲望，直至最终消费行为的发生，科技对于谁来消费、消费什么内容、什么时候来消费、在哪里消费以及为什么会产生这种消费均会产生积极而重大的影响。这对推动文化价值链变革，更好地满足人民群众的美好生活需要具有重要意义。但从调研来看，文化消费数字生态构建相对滞后、数据要素建设不完善与数字文化旅游产品生产能力低下、数据要素相关参与主体的权益分配制度缺失、数据资源统筹管理和流通监管体制不健全等产业链建设问题亟待解决。更好地把握数字经济发展机遇，加快文化产业链现代化，既是亟待解决的现实问题，也是值得深入探讨的理论问题。2017—2022年我国限额以上文化批发和零售企业情况如表6-1所示。

表6-1　2017—2022年我国限额以上文化批发和零售企业情况

	2017年	2018年	2019年	2020年	2021年	2022年
企业单位数（个）	9739	10528	10462	11183	12169	13158
年末从业人数（万人）	55	59	53	51	52	53
资产总计（亿元）	12180	12747	12221	12785	13894	14766
营业收入（亿元）	19684	20538	17534	16454	19739	20020

资料来源：国家统计局。

第一节 科技与文化消费转型升级

党的二十大报告指出，中国式现代化是物质文明和精神文明相协调的现代化。文化消费，不仅是一种经济活动，更是一种文化活动，真正实现了社会价值和经济价值相统一。文化和旅游部数据显示，近年来红色文化旅游出游人数稳定增长，2020年就超过1亿人次，随着疫情防控的科学化，以及人们对"求知与旅游"重视程度的增强，文化消费更是快速增长。与这一快速增长相对应的是，科技引领文化消费的作用越来越得到彰显，文化消费的打开模式正进入数字化升级新阶段。2014—2023年我国城乡居民教育文化娱乐支出情况如表6-2所示。

表6-2 2014—2023年我国城乡居民教育文化娱乐支出情况

指标	2014年	2015年	2016年	2017年	2018年	2019年	2020年	2021年	2022年	2023年
城镇居民人均教育文化娱乐支出（元）	2142	2383	2638	2847	2974	3328	2592	3322	3050	3589
城镇居民人均教育文化娱乐支出比上年增长（%）	7.7	11.3	10.7	7.9	4.5	11.9	-22.1	28.2	-8.2	17.7
农村居民人均教育文化娱乐支出（元）	860	969	1070	1171	1302	1482	1309	1646	1683	1951
农村居民人均教育文化娱乐支出比上年增长（%）	13.9	12.7	10.4	9.4	11.2	13.8	-11.7	25.7	2.2	15.9

资料来源：国家统计局编《中国统计年鉴2024》，中国统计出版社，2024。

一 科技引领文化消费理念升级

受新冠疫情、通货膨胀等因素影响,消费者越来越理性,越来越重视文化消费所蕴含的个性化的表达和体验。以数字经济为重点的新一轮科技革命,采用数字化作为载体去演绎、传播文化故事和精神,培育了新的消费理念。数字经济确立了"文化+现代科技体验"融合消费新理念,消费者不仅享受了文化产品和服务,更进行了一场现代科技的体验之旅,两者有机统一,形成了"1+1>2"的消费效应,使得消费者的满足感、获得感大幅度提升。数字经济重构了消费表达新理念,数字经济让消费者可以为自己发声,将自己的消费感受、消费偏好等信息有效传递给产品和服务供给方;文化产品和服务供应方也可以为自己代言,最吸引人的特色亮点,以及文化产品和服务的内容、方式、价格等信息,都可以清楚明白地传递给消费者。数字经济塑造了社交式红色文化旅游消费新理念,可以把文化培育成为一个热门"话题",让有着共同价值观念、兴趣爱好的消费者能够通过论坛等交流互动,阐述自身观点,获取有用信息,"建党百年红色旅游百条精品线路"累计阅读量超过1亿次就是消费者寻找"于己有用"信息的有力证明。

二 科技引领文化消费场景升级

数字经济改变传统单一的、现场即时消费模式,情景化、故事化、艺术化成为新的导向。数字经济培育了体验式消费场景,依托VR、AR技术以及语言沟通、视觉冲击、行为示范等现代化手段,文化产品展示展览变得立体化、电子化,文化产品内涵的表达更加直观、生动,更容易为消费者所理解和接受,使得承载着丰富底蕴的文化能够大众化表达,消费者能够重温文化事件的来龙去脉。数字经济创新了情景化消费场景,数字技术有助于把诸多"碎片化"

的文化信息整合起来，并制作成具有观赏性的电影、舞台剧等沉浸式剧目，形成了新的消费场景。如广州起义纪念馆的系列话剧，将收集到的历史故事动态地呈现给消费者，既吸引了消费者多次消费，又扩大了消费市场。数字经济拓展了"飞地式"消费场景，数字经济能够直接将有内在联系的文化景点、历史文化知识进行联动，从而将整个历史事件生动全面地呈现给游客，依托移动互联网、二维码等渠道，消费者在某一景点消费后，相关的知识能够通过网络被手机所获取并有效存储，方便消费者多维度、回顾性消费。

三 科技引领文化消费生态升级

在数字经济时代，文化产品和服务要脱颖而出，增强消费者的信心，提升文化市场的信誉度无疑至关重要。数字经济能够有效推动消费市场环境的优化，线上咨询、数字支付、网络订票以及快捷的退换货等使得文化消费更加透明公开。消费者依托短视频等功能，能够有效保存消费过程中的各种真实体验，并有效地向社会公众展示，形成了真实有效的评价体系与沟通联络机制，既有利于执法部门打击各种违法侵权行为，也势必倒逼文化产品和服务供给方不断优化供给，带动市场环境的优化。数字经济引领消费渠道与模式的变革，依托强大的渠道整合能力，数字经济有效推进"文化+特色吃、住、行、游、购、娱"消费，依托直播带货等，文化产品和服务供应方能够动态地与消费者保持联系，并将文创产品等消费品推荐给消费者，进而形成中长期稳定供应关系，实现了文化由一次性短期消费向中长期消费升级。数字经济助推文化宣传推介生态升级。依托大数据、消费偏好判断与记忆，数字经济能有效提升文化产品营销的针对性，如消费者在经过特定红色文化旅游景区景点时，相关产品和服务信息会自动推送给消费者，并做出简要介绍，这可以有效刺激消费，降低营销成本。数字经济还能有效推进文化产品和服务融入全域旅游体系中去，如首届湖南旅游发展大会、湖南省公布的 10 条非遗主题（研学）旅游线路都有数字经济的身影。

第二节　文化消费现状、问题与趋势

《国务院办公厅关于进一步激发文化和旅游消费潜力的意见》等政策明确提出，注重利用新技术发掘中华文化宝贵资源，促进文化、旅游与现代技术相互融合。当前文化消费呈现出多样化、个性化、便捷性、普及性、社交性和全球性的特点。这些特点不仅反映了科技发展对文化消费的影响，也预示着文化消费未来的发展趋势。然而，文化消费的发展也面临着一些问题和挑战，如知识产权保护、市场规范性、文化多样性保护等，这些问题需要行业内外共同努力来解决。

一　文化消费现状

在全球化和信息化的今天，文化消费已成为人们日常生活中不可或缺的一部分。随着经济的增长和科技的进步，文化消费呈现出多样化和个性化等特点。以下是对当前文化消费现状的详细分析。

1. 文化消费的多样化

随着社会的发展和消费者需求的提升，文化消费的形式越来越多样化。从传统的书籍、音乐、电影到现代的网络视频、电子书籍、在线游戏，再到新兴的虚拟现实体验、增强现实互动等，文化消费的形态日益丰富。这种多样化不仅体现在消费内容的广泛性上，还体现在消费方式的多元化上。

2. 文化消费的个性化

在数字技术的推动下，个性化已经成为文化消费的一个重要趋势。消费者不再满足于被动接受统一的文化产品，而是更倾向于选择能够反映个人喜好和个性的产品。例如,通过推荐算法,音乐和视频平台能够根据用户的历史行为推荐个性化的内容;通过社交媒体,用户可以分享自己的阅读体验和观影感受,形成个性化的消费模式。

3. 文化消费的便捷性

科技的发展极大地提高了文化消费的便捷性。无论是在线购物、电子书阅读,还是流媒体观看,消费者都可以随时随地享受到丰富的文化产品和服务。这种便捷性不仅节省了时间,还降低了成本,使得更多的人能够接触到各种文化内容。

4. 文化消费的普及性

随着互联网和移动设备的普及,文化消费已经不再是少数人的专利,而是渗透到了大众生活的各个领域。无论是城市还是乡村,无论是年轻人还是老年人,都可以通过不同的渠道接触到文化产品。这种普及性不仅提升了公众的文化素养,也促进了社会的整体进步。

5. 文化消费的社交性

社交媒体的兴起改变了人们的文化消费方式,使得文化消费具有了更强的社交性。人们不仅可以通过社交网络分享自己的阅读和观影体验,还可以参与到文化产品的讨论和评价中。这种社交性不仅增强了消费者之间的互动,也为文化产品的传播提供了新的途径。

6. 文化消费的全球性

在全球化背景下,文化消费的全球性日益明显。消费者可以轻易地接触到来自世界各地的文化产品,如外国电影、音乐、文学作品等。这种全球性不仅丰富了消费者的选择,也促进了不同文化之间的交流和理解。

二 文化消费存在的问题

文化消费虽然在现代社会中呈现出多样化和个性化等发展趋势,

但也面临着一系列问题和挑战。这些问题不仅影响了文化消费的健康和可持续发展，也对消费者的权益和文化多样性构成了威胁。以下是对文化消费存在的问题的详细分析。

1. 知识产权保护不力

知识产权是文化消费的核心资产，但在现实中，知识产权的保护面临着诸多挑战。盗版和侵权行为普遍存在，无论是音乐、电影、书籍还是软件，都难以幸免。这不仅损害了创作者和版权所有者的合法权益，也抑制了创新活动和文化产品的多样性发展。

2. 市场监管缺失

随着文化消费市场的扩大，市场监管的缺失问题日益突出。一些不良商家通过虚假宣传、欺诈销售等手段，侵害消费者权益。此外，文化产品的质量参差不齐，市场缺乏有效的评价和监管机制，使得消费者难以做出明智的选择。

3. 文化同质化严重

虽然文化消费呈现出多样化的趋势，但同质化现象仍然严重。一些流行的文化产品被过度商业化，导致市场上充斥着大量风格相似、内容空洞的产品。这种现象不仅降低了文化产品的整体质量，也限制了消费者的选择空间。

4. 文化资源分配不均

文化资源分配不均是文化消费领域的一个突出问题。一些地区和群体拥有丰富的文化资源，而其他地区和群体的文化资源则相对匮乏。这种不均衡的现象不仅影响了文化消费的公平性，也加剧了区域和社会的发展不平衡。

5. 消费者权益保护不足

在当前的文化消费市场中，消费者权益保护仍然是一个薄弱环节。消费者在购买文化产品时，面临着退款难、维权难等问题。此外，一些商家利用消费者的信息不对称进行不正当竞争，损害了消费者的权益。

6. 文化消费的环境问题

文化消费的环境问题主要体现在能源消耗和废弃物处理上。随着文化消费的增长，对于纸张、塑料等资源的消耗也在增加，这对环境造成了一定的压力。同时，文化消费产生的废弃物，如电子垃圾、废弃书籍等，也需要得到有效的处理和回收。

7. 科技对文化消费的负面影响

科技的发展虽然为文化消费带来了便利，但也带来了一些负面影响。例如，虚拟现实技术的过度使用可能导致消费者沉迷于虚拟世界，忽视现实生活；对社交媒体的过度依赖可能影响人们的社交能力和心理健康。

综上所述，文化消费在发展的过程中面临着诸多问题和挑战。为了促进文化消费的健康和可持续发展，需要政府、企业和消费者共同努力，加强知识产权保护、完善市场监管、鼓励文化创新、优化文化资源分配、保护消费者权益、关注环境保护以及合理利用科技。只有这样，才能构建一个公平、健康、多元和可持续的文化消费市场。

三 文化消费的新趋势

随着科技的不断进步和社会经济的发展，文化消费呈现出一系列新的趋势。这些趋势不仅反映了消费者需求和行为的变化，也预示着文化产业发展的新方向。以下是对文化消费新趋势的详细分析。

1. 数字化和网络化

数字化和网络化是文化消费最显著的新趋势之一。随着互联网技术的普及和应用，越来越多的文化内容以数字形式存在，通过网络平台进行传播和消费。从电子书籍、在线音乐到网络视频、虚拟展览，数字化和网络化极大地丰富了文化消费的形式和内容。

2. 个性化和定制化

个性化和定制化是文化消费的另一个重要趋势。消费者不再满足于被动接受统一的文化产品，而是追求能够满足个人喜好和需求的定制化服务。通过大数据分析和人工智能技术，企业能够提供更加精准的个性化推荐，满足消费者的个性化需求。

3. 社交化和互动性

社交化和互动性是文化消费的新趋势。社交媒体平台不仅为消费者提供了分享和交流的空间，还使得消费者能够参与到文化产品的创造和评价过程中。这种社交化和互动性的消费模式，不仅增强了消费者的参与感和归属感，也为文化产品的传播和推广提供了新的途径。

4. 跨媒介和跨平台

跨媒介和跨平台消费是文化消费领域的一个新趋势。消费者不再局限于单一的媒介或平台，而是在不同的媒介和平台之间自由切换。例如，一部小说可以被改编成电影、电视剧、漫画、游戏等多种形式，消费者可以通过不同的媒介和平台来欣赏同一部作品。

5. 可持续性和环保意识

可持续性和环保意识是文化消费的一个重要趋势。随着人们对环境保护和可持续发展的重视，越来越多的消费者开始关注文化产品的可持续性和环保属性。无论是出版物的绿色印刷、音乐节的低碳出行，还是艺术品的环保材料，都体现了消费者对可持续性的关注。

6. 多元化和包容性

多元化和包容性是文化消费的一个显著趋势。在全球化背景下，消费者对不同文化背景和文化元素的接受度越来越高。这推动了文化产品向多元化和包容性的方向发展，不仅涉及不同国家和民族的文化元素，也涉及性别、年龄、身份等多元维度。

7. 虚拟现实和增强现实

虚拟现实和增强现实技术的应用是文化消费的新趋势之一。通过这些技术，消费者可以进行沉浸式的文化体验，如参观虚拟博物馆、现场感受音乐会等。这不仅为消费者提供了全新的消费体验，也为文化产品的创新提供了新的可能性。

综上所述，文化消费的新趋势反映了科技进步和社会变革的影响。数字化和网络化、个性化和定制化、社交化和互动性、跨媒介和跨平台、可持续性和环保意识、多元化和包容性以及虚拟现实和增强现实等趋势，将为文化消费的发展带来新的机遇和挑战。文化产业需要不断创新和转型，以适应这些趋势，满足消费者的需求和期待。同时，政府和企业也需要加强合作，共同推动文化消费的健康发展。

第三节　科技赋能文化消费的路径

随着科技的快速发展，其在推动文化消费升级和转型方面的作用日益凸显。科技创新不仅改变了文化产品的创作、生产、分发和消费方式，还为消费者提供了全新的文化体验。以下是对科技赋能文化消费的几个关键路径的详细分析。

一　数字化技术提高文化产品的可访问性

数字化技术的应用使得文化产品可以以数字格式存储和传输，极大地提高了其可访问性。无论是电子书籍、在线音乐、网络视频还是虚拟博物馆，消费者都可以随时随地通过互联网接触到其中丰富的文化内容。这种便捷性不仅节省了时间成本，还打破了地理限制，使得更多的人能够享受到文化的果实。

二　人工智能技术优化个性化推荐

人工智能技术的进步为个性化推荐提供了可能。通过分析消费者的浏览历史、购买行为和偏好设置，智能算法可以为每个消费者提供定制化的文化产品推荐。这种精准匹配不仅提升了用户体验，也增加了文化产品的销售潜力。

三　增强现实和虚拟现实技术创造沉浸式体验

虚拟现实和增强现实技术为文化消费带来了革命性的变化。通过这些技术，消费者可以进行沉浸式文化体验，如参观虚拟博物馆、现场感受音乐会等。这种沉浸式体验不仅吸引了年轻一代的消费者，也为传统文化产品的创新提供了新的思路。

四　区块链技术保护知识产权和促进版权交易

区块链技术的应用在保护知识产权和促进版权交易方面显示出巨大潜力。通过建立一个去中心化的版权登记和交易平台，区块链不仅可以确保创作者的权益得到有效保护，还可以简化版权交易流程，降低交易成本。

五　大数据分析和云计算支持市场研究和文化创新

大数据分析和云计算为文化市场的研究和创新提供了强大的支持。通过对大量数据的收集和分析，企业可以更好地了解消费者的需求和行为模式，从而制定更有效的市场策略。同时，云计算平台也为文化产品的开发和分发提供了便利。

六　社交媒体平台促进文化交流和社区建设

社交媒体平台不仅是人们交流和分享信息的工具，也是促进文化交流和社区建设的重要场所。通过社交媒体平台,消费者可以分享自己的文化体验,参与到文化话题的讨论中,甚至形成围绕特定文化兴趣的社区。

七 物联网技术改善文化消费环境

物联网(IoT)技术的应用可以改善文化消费的环境。例如,智能设备可以根据消费者的偏好自动调整展览馆的照明和音响效果,提供更加舒适和个性化的观展体验。

综上所述,科技从多个维度赋能文化消费,不仅提高和增强了文化产品的可访问性和个性化体验,也创造了新的消费场景和商业模式。然而,科技的发展也带来了一些挑战,如知识产权保护、隐私保护等。因此,需要政府、企业和消费者共同努力,合理利用科技的力量,推动文化消费的健康和可持续发展。

第七章　科技与文化开放

文化必须在封闭和开放之间求得一种平衡。封闭是为了安全，是文化自信的一种表现；开放是为了包容，是长期浸润在区域文化下理论的创新及在这种新理论指导下的探索。优秀传统文化延续至今，就是在这种封闭与开放中传承创新，并致力于追求文明互动交流，形成"优秀传统文化+"开放发展体系，彰显了优秀传统文化的当代价值。

第一节　文化出口现状

在全球化背景下，我国文化产业的出口结构优化是提升国家软实力和经济竞争力的关键途径。国内"科技+文化"融合发展的模式为文化产业的出口带来了新的机遇，推动了出口产品结构的升级和优化，增强了我国文化产品和服务在国际市场上的竞争力。

一　我国文化出口的现状

2017年，商务部会同中央宣传部、文化部、新闻出版广电总局等部门启动了国家文化出口基地的建设。《国民经济和社会发展第十四个五年规划和2035年远景目标纲要》明确要求"加强国家文化出口基地建设"。截止到2023年10月，已连续9届（第16

年）评选文化出口重点企业，并评选出文化出口重点项目。我国文化产业出口以传统文化艺术品、动漫游戏、影视作品等为主，但在产品附加值、品牌影响力及市场拓展方面尚存在不足。随着全球文化交流的加深，国际市场对于具有中国特色的文化产品需求日益增长，但同时对产品的创意性、互动性和技术含量也有了更高的要求。2020—2023年我国文化产品出口情况如表7-1所示。我国文化出口基地建设情况如表7-2所示。历年文化出口重点企业、项目情况如表7-3所示。

表7-1　2020—2023年我国文化产品出口情况

单位：万美元

年份	2020	2021	2022	2023
出口额	9720058	13925385	16367646	14481165

资料来源：根据中国海关数据整理而来。

表7-2　我国文化出口基地建设情况

单位：个

批次	时间	数量	名称
第一批	2018年6月	13	北京天竺综合保税区、上海市徐汇区、江苏省无锡市、中国（浙江）影视产业国际合作区、安徽省合肥市蜀山区、山东省淄博市博山区、湖南省长沙市、广东省广州市天河区、四川省自贡市、云南省昆明市、西藏文化旅游创意园区、西安高新技术开发区、中国（福建）自贸试验区厦门片区
第二批	2021年8月	16	北京市东城区、北京市朝阳区、天津市中新天津生态城、上海市上海仓城影视文化产业园区、四川省成都市武侯区三国创意园、辽宁省沈阳市沈河区、江苏省苏州工业园区、浙江省浙江数字文化国际合作区、江西省景德镇市、山东省中国（山东）自贸试验区济南片区、河南省中国（河南）自贸试验区开封片区、湖北省武汉东湖高新技术开发区、湖南省醴陵市、广东省广州市番禺区、海南省海口市复兴城互联网信息产业园、陕西省西安市曲江新区

资料来源：根据商务部公示资料整理而来。

表 7-3 历年文化出口重点企业、项目情况

年份	2007—2008	2009—2010	2011—2012	2013—2014	2015—2016	2017—2018	2019—2020	2021—2022	2023—2024
项目数（个）	118	225	106	123	139	109	129	121	115
企业数（家）	137	211	489	366	352	298	335	369	367

资料来源：根据商务部等部门数据整理而来。

二　科技与文化融合促进出口产品多元化

科技的应用使得传统文化产品焕发出新的生命力。例如，通过数字化技术，传统艺术作品可以以数字版画、3D 展览等形式进入全球市场，既保留了原有的艺术魅力，又增加了互动性和可观赏性。此外，虚拟现实和增强现实技术使得文化体验可以打破时空限制，为国际消费者提供全新的接触中国文化的途径。这些技术的应用不仅丰富了我国文化产品的形式和内容，也扩大了出口市场和消费群体。《中国数字文化出海年度研究报告（2022 年）》中提到："以网络文学、网络动漫、在线影视剧、网络游戏、网络音乐、短视频及直播等六大业态为代表的数字文化产品和服务成为中华文化'走出去'的一支重要力量，在市场拓展、内容做精、主体做强、'Z 世代'聚焦等四大方面取得新进展，展现新气象，并取得了海外各界的关注与认可。"

三　科技与文化融合提升文化产品的国际化水平和市场竞争力

"科技+文化"的发展模式提高了文化产品的国际化水平。利用先进的翻译和本地化工具，文化产品能够更好地适应不同国家和地区的语言和文化习惯，从而吸引更多海外用户。同时，科技手段如大数据分析、云计算等能够帮助企业精准定位海外市场，了解消费者偏好，从而制定更有效的市场策略。实际上，从 2023—2024 年国家文化出口重点企业分布来看，367 家重点企业中

有 155 家企业被认定为高新技术企业，92 家被认定为科技型中小企业（见表 7-4）。其中还不乏重点实验室、制造业单项冠军企业、绿色制造企业。

表 7-4　2023—2024 年国家文化出口重点企业（科技型）分布

单位：家

类型	高新技术企业	科技型中小企业	专精特新中小企业	创新型中小企业	企业技术中心	瞪羚企业
数量	155	92	68	41	40	27
类型	技术先进型服务企业	专精特新"小巨人"企业	技术创新示范企业	隐形冠军企业	众创空间	
数量	26	5	4	3	3	

注：同一企业可获多种不同科技型企业资质认定。
资料来源：根据商务部等部门数据整理而来。

四　科技与文经融合加速文化服务贸易的发展

服务贸易是当今国际贸易中增长最快的领域之一，而"科技+文化"模式正是推动文化服务出口的重要力量。在线文化交流平台、远程教育、虚拟旅游等服务利用科技手段打破了地域限制，使得中国文化服务可以直接触及全球用户。这些便捷、互动性强的服务形式在国际市场上受到了广泛欢迎，有力推动了我国文化服务贸易的增长。

虽然"科技+文化"模式为文化出口带来了新机遇，但文化出口也面临着知识产权保护、国际市场准入壁垒、跨文化交流障碍等挑战。为了应对这些挑战，需要政府和企业共同努力，加强知识产权保护，提高产品质量和品牌影响力，同时加大对海外市场的调研力度，提升跨文化交流和沟通能力。

展望未来，随着我国科技实力的不断增强和文化创新能力的提升，"科技+文化"将继续深化融合，推动文化产业出口结构向更高端、多样化和个性化方向发展。这将使中国文化产业在国际市场上占据更有利的位置，提升国家的全球文化影响力，并为国家经济发展注入新的活力。

第二节 文化出口新趋势

当前，全球贸易迈入了贸易大国频繁使用战略性贸易政策的历史拐点，技术壁垒、投资准入范围和投资规模（股权）限制、税收歧视被过度使用，贸易博弈处于持续并升级发展状态。可以预见，短期内，贸易博弈难以停歇，有的只是强度的变化。从根源来看，这种重复博弈的行为并非单纯的技术、利益之争，而是与各自所倡导的文化观念强相关，贸易博弈实质上也是决策层乃至国家社会价值观念的集中反映，是镶嵌着文化元素的话语权之争。这种竞争将是未来较长时间内开放新高地建设的新生态。

一 从霍布斯的"自然状态"到"60%陷阱"，大国贸易目标导向上的"自我主义"文化更加凸显，文化出口要在主动适应"利他"中谋求"合作共赢"

在自然状态下出现战争状态是低强度的竞争，但在市场出现多个寡头，竞争更加公平的环境下，处于优势地位的贸易强国就会谋求更加激烈的对抗来保持自身优势。研究表明，当竞争对手的经济规模达到自身的60%以上，并保持良好的发展态势有赶超自身的可能时，就可能被定义为对手，贸易强国会通过自认为合理的手段力争获胜，这实际上是自我主义的文化表征，只有"我"才能主导全球贸易。为适应这种经济上更加自我的贸易新生态，在国内打造开放新高地要有更高的站位，要从单一的、短期的利益追求中脱离开来，从更加长远的视角推进开放型经济体系的建设，依托长期投资实现利益最大化。

二 从空间压缩到空间隔离，大国贸易行为方式上的"霸权主义"文化更加凸显，"抱团出海"导向更加凸显

依托现代化交通、通信技术，贸易大国可以利用技术上的优势压缩空间距离，进而形成贸易优势。但在技术差距缩小、空间压缩有限的贸易新生态下，贸易大国悍然发动空间隔离，推行"本国优先"等战略，力图通过隔离来打压竞争对手，进而维持自身的霸主地位，这种霸权主义文化正深刻影响着全球贸易。当前我国难以改变这种霸权规则，要融入发达国家经济体系，唯有利用规则，依托发达国家认可的规则，从具有比较优势的领域深度嵌入全球价值链、产业链，获取制度红利。

三 从有选择地合作到零和博弈，大国贸易合作模式上的"单边贸易"利己文化更加凸显，国内配套本地化更为通行，文化出口更需从"刚需""空白"中获得突破

参与贸易的产业具有保留性，部分处于贸易逆差状态的国家希望通过加大出口、减少甚至是限制进口的"零和贸易"来实现自身利益最大化。为达到这一目标，少数拥有话语权、处于强势地位的贸易大国甚至可能利用极限施压等方式来推行单边主义贸易政策，在贸易中只追求利己。为适应这种竞争文化，要善于寻找贸易伙伴的"刚需"，要创造性地开放"引致消费"，依托"互联网+"等新工具，引导消费者主动消费。

第三节 传承创新倡导文化开放新导向

为适应开放发展新生态，要注重传承开放思想，弘扬开放发展精神，形成开放发展新理论。

第七章　科技与文化开放

一　主动衔接习近平新时代中国特色社会主义思想、中华优秀传统文化以及其他地域文化，不断提升优秀传统文化的当代适应性与先进性

优秀传统文化衔接对外开放，不是简单地与西方文化的衔接，更为重要的是立足习近平新时代中国特色社会主义思想，以改革开放精神衔接中华优秀传统文化，在传承创新中构建具有地方特色、以衔接国内开放为主、积极借鉴吸纳国外优秀文化元素的优秀传统文化新体系。

1. 深入贯彻习近平总书记关于文化衔接对外开放的思想

2023年9月27日，习近平总书记在主持二十届中共中央政治局第八次集体学习时强调："要练就驾驭高水平对外开放的过硬本领"，"总结用好我国开放发展的成功经验，加强对开放工作的战略性、系统性、前瞻性谋划"[①]。党的十八大以来，习近平总书记提出并深入阐释了开放发展理念的理论逻辑、历史逻辑和实践逻辑，是对我国开放发展内在规律的科学判断和理论升华，使开放在发展中的地位和作用提升到全新的层次和水平上。

2017年7月17日，习近平总书记在主持召开中央财经领导小组第十六次会议时指出："我们提出建设开放型经济新体制，一个重要目的就是通过开放促进我们自身加快制度建设、法规建设，改善营商环境和创新环境，降低市场运行成本，提高运行效率，提升国际竞争力。"[②]

2019年11月5日，习近平主席在第二届中国国际进口博览会开幕式上发表主旨演讲时指出："中国对外开放是全方位、全领域的，

[①]《习近平在中共中央政治局第八次集体学习时强调　积极参与世界贸易组织改革　提高驾驭高水平对外开放能力》，人民网，http://jhsjk.people.cn/article/40086726。

[②]《习近平：营造稳定公平透明的营商环境　加快建设开放型经济新体制》，人民网，http://jhsjk.people.cn/article/29410770。

正在加快推动形成全面开放新格局。"①

2020年10月14日，习近平总书记在深圳经济特区建立40周年庆祝大会上发表重要讲话时指出："一花独放不是春，百花齐放春满园。我们坚定不移奉行互利共赢的开放战略，既从世界汲取发展动力，也让中国发展更好惠及世界。"②

2020年8月24日，习近平总书记在经济社会领域专家座谈会上发表重要讲话时指出："越开放越要重视安全，越要统筹好发展和安全。"③

2022年11月4日，习近平主席在第五届中国国际进口博览会开幕式上致辞时指出："开放是人类文明进步的重要动力，是世界繁荣发展的必由之路。"④

2. 地域文化深入衔接对外开放理论与实践，优秀传统文化以开放包容的姿态推进自身理论体系革新

地域文化是决定地域经济发展的关键因素，发达的物质文明中蕴含着先进的文化思想。上海、广东、浙江、福建等地开放氛围浓厚，开放成就斐然，这种开放生态与开放文化形成良性互动。江浙地区的文化开放性彰显，有代表性的越地文化"四千"（千方百计、千辛万苦、千言万语、千山万水）精神体现的开拓精神与"不为人后"的进取精神，蕴含的创新基质建构了"开放理念空间的文化场"。岭南文化注重吸纳外来文化特别是海洋文化，形成了海纳四方的文化价值追求。齐鲁文化尊贤尚功是一种比较开放的思想。同属

---

① 《习近平在第二届中国国际进口博览会开幕式上的主旨演讲》，人民网，http://jhsjk.people.cn/article/31439012。
② 《习近平在深圳经济特区建立40周年庆祝大会上的讲话》，人民网，http://jhsjk.people.cn/article/31892362。
③ 《正确认识和把握中长期经济社会发展重大问题》，人民网，http://jhsjk.people.cn/article/32001270。
④ 《习近平在第五届中国国际进口博览会开幕式上发表致辞》，人民网，http://jhsjk.people.cn/article/32559243。

内陆地区的巴蜀文化同样有极强的开放主张,巴蜀地区依托辐射大西南和参与国际文化交流的区位优势推进文化交流合作。

3. 借鉴海外文化优秀基因,以参与文明互动交流的姿态推进自身理论的不断更新

"师夷长技以制夷",融入全球发展大潮,各地方都在积极行动。如湖南以"敢为人先"的精神敞开思想的大门,以开放包容的姿态参与文明互动交流。2017年9月,湖南省领导就指出,湖南省正处于参与和服务国家对外开放大有作为的时期,"一带一路"的区位优势决定了湖南在新一轮对外开放中的重要地位。近年来,湖南文化先后走进泰国、法国、芬兰、德国等地,"文化中国·湖南文化走进德国""感知中国·湖南文化走进芬兰"等活动有效展现了湖南文化的魅力。

二 扎根新时期改革开放热土,破解优秀传统文化传承创新难题,探索架构新时期优秀传统文化理论新体系

调研座谈发现,为适应时代发展需求,更好发挥自身价值,需要架构新时期更加开放的话语体系。

1. 破解"被动保护主动防护"难题,由原来的强调开放到提出"开放+"的思想,优秀传统文化新的开放格局正加速形成

调研访谈发现,优秀传统文化衔接对外开放时,一个重要的问题就是主动性不足,在面对外来文化时被动应对,甚至主动防护,不愿意接受新思想、新观点。导致这一问题的重要原因在于文化作为精神层面的存在,一旦形成固有的价值理念则改变的难度很大,且这种个体性在集中应对外来文化时难度较大。但近年来特别是党的十八大以来,这种被动保护主动防护的格局正深入重构,国内开放理论不断走深走实,主动服务国家战略需要,致力于促进高质量发展,提出坚持把开放与转方式调结构、改革发展结合起来,如中

国湖南自贸区开展特色任务试点，包括连通长江经济带和粤港澳大湾区的国际投资贸易走廊、中非经贸深度合作、先进制造业高质量发展等；发挥外贸外资促就业、惠民生作用，这种新的发展理念无疑把开放放在了更大的格局中来考虑。

2. 破解"外来文化拿来后不会用与本土特色优秀文化基因不会传承创新"难题，由原来的追求自主或直接拿来向谋求共生转变，优秀传统文化传承创新体系正加速培育

调研发现，部分干部群众在思想上存在惰性，不愿意深入学习、研究外来文化，对待外来文化的态度遵循"洋"基本就是"好"的原则，愿意直接移植过来但不愿意深入思考如何借鉴其中的优秀元素并加以创造性转化和创新性发展。导致这一问题的重要原因在于优秀传统文化敢于坚持自我的强大文化自信，这种自信在一定程度上影响着优秀传统文化与外来文化的融合发展。进入新时代特别是党的十八大以来，各地主动"走出去""引进来"，中非经贸博览会、互联网岳麓峰会、"'一带一路'青年创意与遗产论坛"、东亚文化之都长沙年活动的举办，长沙媒体艺术官方网站（中英文版）的上线让优秀传统文化对外交流更添光彩。在互动交流中，优秀传统文化与外来文化元素在碰撞中加速融合。

3. 破解"融合不深互促不够"的难题，推进主体、客体、载体"三体"互动融合，优秀传统文化新的衔接对外开放生态正加速形成

主体、客体、载体互动，形成支撑优秀传统文化衔接对外开放的有效力量。调研发现，优秀传统文化在衔接对外开放中存在"单兵作战"的问题，如文化"走出去"了但其附着物及衍生产品未能同步有效地打开外部市场。主体文化（如一个国家或地区的核心文化）要以开放包容的心态去接触客体文化，要保持自身的文化自信，同时向客体文化展示自身的魅力，要从客体文化中汲取有益的元素。客体文化进入主体文化环境时，要努力适应当地的环境，

保持自身的独特性，与主体文化进行积极的交流，及时反馈双方在交流过程中遇到的问题。主体文化要根据自身的特点和文化传播的目的选择合适的载体，不断创新载体形式以适应时代的发展，对载体中的内容进行优化，使其更具吸引力。客体文化要适应主体文化所使用的载体，通过主体文化所使用的载体来拓展自己的传播渠道，而载体在传播过程中会对客体文化元素进行整合。在这种发展生态下，主体活力得到激发，实力得到增强，客体被有效挖掘，载体能力得到全面提升，形成了互动发展支撑引领优秀传统文化开放的良好生态。

三 持续深入推进优秀传统文化衔接对外开放，在传承创新中探索地域文化衔接对外开放新路径

强化新时代优秀传统文化的担当，对标新发展理念、"三高四新"战略，以"文化+"为重点，全面探索优秀传统文化衔接对外开放新路径。

1. 对标新发展理念，以更高的政治站位全面推进优秀传统文化衔接对外开放

优秀传统文化衔接对外开放，当前最为重要的就是衔接好新发展理念。要对标新发展理念的目标要求，全面推进优秀传统文化新思想、新目标的形成。深入挖掘并理解新发展理念关于发展的目的、动力、方式、路径等一系列理论和实践问题的阐述，党关于发展的政治立场、价值导向，以及发展模式、发展道路等重大政治问题的论述，从历史的高度来分析新发展理念，并将优秀传统文化所倡导的价值导向与之进行有效契合，推动优秀传统文化价值追求的更新。要对标新发展理念落地的具体任务，以创新、协调、绿色、开放、共享五大领域为重点，把优秀传统文化融入各个领域中去，打开理论与实践相结合的空间。

2. 对标新时代战略需求，以更加迫切的需求推进优秀传统文化衔接对外开放

更好地嵌入经济社会发展大局才能有效体现优秀传统文化的当代价值，"十四五"时期，优秀传统文化要注重为"三高四新"战略赋能。全面发挥长期浸润优秀传统文化形成的行为一致性带来的成本节约优势，依托长期交往与合作形成的相对稳定、根植于当地社会文化的非正式交流、信赖关系和协作关系，全面推进产业链建设和现代化产业体系建设。传承中华优秀传统文化的精神品质，持续推进改革开放走向深入，持续推进创新发展走向高处。

3. 对标"文化+产业"融合发展导向，深入推进优秀传统文化多渠道衔接对外开放

把握优秀传统文化衔接对外开放的特征，全面构建"文化+"开放体系。深入推进"优秀传统文化+农业"开放体系构建，依托重点发展的区域公共品牌，依托包装、产品宣传等渠道，全面推进优秀传统文化与农产品融合。深入推进"优秀传统文化+制造业"融合发展，持续推进工业文化旅游基地建设，鼓励制造业企业传承工业文化遗产，深入挖掘优秀传统文化内涵，打造一批以工业产品、企业工厂为载体的优秀传统文化衔接对外开放平台。深入推进"优秀传统文化+现代服务业"融合发展，依托自贸区、中非经贸博览会、跨境电商综合试验区以及长洽周、国际友城、驻外机构和商协会等的作用，深入推进"优秀传统文化+旅游"等业态发展，带动优秀传统文化衔接对外开放。

第八章 科技赋能文化传播

习近平总书记指出:"文明交流互鉴,是推动人类文明进步和世界和平发展的重要动力。"① 优秀传统文化作为中华文化的重要组成部分,因其经世致用、敢为人先等精神而传播于世。进入新的历史时期,优秀传统文化的地域性、发展到特定历史阶段后遭遇的"天花板"效应使得其影响力有所下降。创新传播方式,构建符合发展新生态的价值实现机制,是新的历史时期优秀传统文化再现辉煌的重要途径。

第一节 科技重构文化传播及价值实现生态

文化传播的关键要素在于有可信任的管理体系,动力在于能够带来声望或者经济利益,前提在于有安全的主体权益维护机制。这些要素具备了,优秀传统文化传播及价值实现的生态也就形成了,这是区块链生态所具有的特征。

一 更加信任,区块链下的机器信任强化了传统制度信任、交情信任的信任体系

制度需要人来执行,交情更是以人为基础的信任,这种信任体

---

① 《习近平外交演讲集》第一卷,中央文献出版社,2022,第97页。

系具有一定的变数。在区块链环境下，有价值的活动都可以通过契约条款将各项事项明确下来，并转换为计算机信息系统能够识别并自动执行的代码，这种"无情"的执行方式使得信任成为一种本能，优秀传统文化的各项互动权益都能得到维护。

二　更加有利，区块链下的量化交易解决了零散收益、公众个人收益分配难题

在互联网环境下，优秀传统文化传播过程中所创造的价值可能被平台、中间商所摄取，社会公众参与的动力难以激发。在区块链生态下，所有的价值增值活动都会被记录并按照事先确定的规则量化，产生收益后可以自动计入指定账号，小额零散、单个人的收益也变得可分配。

三　更加安全，区块链下的广而告之规避了中心化、渠道化可能存在的道德风险

中心化、渠道商运作模式可能出现篡改数据记录、隐藏真实信息等不道德行为。在区块链环境下，去中心化使得优秀传统文化活动信息被分散化记录，即使处于行业垄断地位的行为主体也难以对已经被记录的信息进行修改，各项信息数据难以被中心控制，确保了信息安全。

第二节　科技赋能文化传播与价值实现体系构建

优秀传统文化传播与价值实现体系涉及市场主体与监管主体、内容与媒介、社会效益与经济效益等多个层级。要有效紧密各层级的联系并构建富有活力的管理体系。

第八章　科技赋能文化传播

一　参与主体与参与方式拓展

在区块链生态下，除政府有关部门、专家学者、中间商等运营主体外，社会公众也是重要力量，他们可以通过微信、QQ 等来参与。区块链"分布式记账"、数字权益证明与高效的流通体系使得公众参与变得有意义，并且这种参与会通过记录个人贡献的"数字银行"记载甚至直接转化为经济效益。在科技不断进步的当下，文化传播的参与主体及参与方式正在经历深刻的变革。传统的文化传播模式往往局限于专业机构和个人，如出版社、媒体公司、艺术家等。然而，随着科技的发展，尤其是互联网和移动通信技术的普及，越来越多的非专业个体得以进入文化传播领域，成为新的参与主体。

1. 社交媒体平台的兴起

社交媒体平台，如 Facebook、Twitter、Instagram 等，为普通用户提供了表达和分享个人文化见解的空间。这些平台不仅改变了信息的传播速度和范围，还改变了信息的呈现形式和互动模式。用户可以通过文字、图片、视频等多种方式分享自己的文化体验，从而参与到文化传播的过程中。

2. 内容创作工具的普及

随着各种内容创作工具，如博客平台、视频编辑软件等的普及，普通用户可以轻松创作出个性化的文化内容。这些内容不再局限于专业制作，而是更多地体现了个人的创意和视角。这种自下而上的内容生产模式，极大地丰富了网络文化。

3. 用户生成内容的价值链

用户生成内容（UGC）已经成为文化传播的重要组成部分。在 YouTube、TikTok 等平台上，用户不仅是内容的消费者，也是内容的创造者。这种模式打破了传统媒体的单向传播，形成了一种新的双向互动或多向交互的传播模式。

4. 大众参与的商业模式

众包和众筹等商业模式的出现，使得大众可以直接参与到文化项目的融资和创作中。通过这些平台，创作者可以直接向公众展示自己的想法和作品，而公众则可以通过资金支持来表达对项目的认可和支持。这种模式不仅为文化项目提供了新的资金来源，也为大众提供了参与文化创作的机会。

5. 人工智能与文化创作

人工智能技术的进步为文化创作提供了新的可能性。AI 可以辅助人类进行音乐创作、绘画创作、文学作品创作等，甚至可以独立完成某些类型的创作。这种技术的应用不仅提高了文化创作效率，也推动了文化创作创新。

6. 虚拟现实和增强现实技术的应用

虚拟现实和增强现实技术的应用为文化体验提供了新的形式。通过这些技术，用户可以沉浸在一个虚拟的文化环境中，体验到前所未有的感官刺激。这种新型的体验方式吸引了年轻一代的用户，为传统文化的传播和创新提供了新的途径。

7. 直播和实时互动的兴起

直播平台的兴起使得用户可以实时观看和参与文化活动。无论是音乐会、艺术展览还是学术讲座，都可以通过直播的方式让更多的人参与进来。这种实时互动的模式不仅扩大了文化活动的受众范围，也增强了用户的参与感和互动体验。

综上所述，科技的发展极大地拓展了文化传播的参与主体和参与方式。普通大众可以通过各种平台和工具参与到文化传播的过程中，不仅消费文化内容，也创造文化内容。这种参与方式的民主化和文化内容的多元化，为文化传播带来了新的活力和创新的可能。然而，这也带来了一些挑战，包括如何保护知识产权、如何确保内容的质量、如何处理信息过载等问题。因此，需要政府、企业和社会各界共同努力，合理利用科技的力量，推动文化传播健康发展。

二　文化资源与其传播平台构建

在区块链生态下，除传统的学校、各种展览场地如博物馆、规划展示馆等固定场所外，优秀传统文化大数据平台等数字化平台也参与其中，并且由于物联网、互联网等技术的发展，一些个人优秀传统文化数据信息也可以嵌入到这种大数据中，形成"大型平台+众多中小平台"的资源存储、传播体系。在科技赋能下，文化资源的传播平台正在经历深刻的变革。这些变革不仅涉及技术层面，还包括内容的生产、分发和消费方式的更新。以下是对这一现象的详细分析。

1. 数字化平台的兴起

数字技术的发展催生了各种数字化文化传播平台，如在线图书馆、电子博物馆、数字音乐和视频服务平台等。这些平台利用数字化技术将文化资源转换成数字格式，使其能够在互联网上迅速传播。这不仅提高了文化资源的可访问性，也扩大了其受众范围。

2. 社交媒体的融合

社交媒体已成为文化传播的重要渠道。平台如 Facebook、Twitter、Instagram 等允许用户分享自己的文化体验和创作，同时也为文化机构提供了与公众互动的空间。这种双向互动的传播模式增强了文化内容的吸引力和参与度。

3. 跨媒介内容开发

科技的进步促进了跨媒介内容的开发。同一部文化作品可以通过小说、电影、电视剧、游戏等多种形式呈现，各种形式之间可以相互促进，共同扩大作品的影响力。例如，游戏或图书改编的电影不仅可以增加作品的附加值，也能够吸引不同的消费群体。

4. 个性化推荐系统的应用

个性化推荐系统的应用使得文化传播更加精准。基于用户的浏览历史和偏好，推荐算法可以向用户推送他们可能感兴趣的文化内容。这种个性化的服务不仅提高了用户的满意度，也增加了文化产品的曝光率和消费潜力。

5. 虚拟现实和增强现实的体验创新

虚拟现实和增强现实技术为文化体验带来了革命性的创新。通过这些技术，用户可以沉浸式地体验文化场景，如虚拟旅游、在线博物馆参观等。这种新型的体验方式为用户提供了全新的感官享受，也为文化资源的展示和教育提供了新的可能。

6. 云计算和大数据的支持

云计算和大数据技术为文化资源的传播提供了强大的支持。云服务使得大量的文化资源可以存储在云端，方便用户随时随地访问。同时，大数据分析可以帮助文化机构更好地理解用户需求，优化内容生产和分发策略。

7. 区块链技术在版权管理中的应用

区块链技术在版权管理中的应用为文化资源的传播提供了新的思路。通过建立一个去中心化的版权管理系统，区块链不仅可以确保创作者的权益得到保护，也可以简化版权交易和追踪的过程。

综上所述，科技的发展为文化资源与其传播平台的构建提供了多种可能性。这些技术不仅改变了文化内容的传播方式，也为文化产业的发展带来了新的机遇。然而，技术的不断进步也带来了挑战，包括如何平衡版权保护与自由传播、如何确保文化多样性等。因此，需要政府、企业和社会各界共同努力，充分利用科技的力量，推动文化资源的传播和文化产业的发展。

三　价值追求与实现路径创新

在区块链生态下，依托分布广泛的单个节点，优秀传统文化可以更好地突破地域的限制，在更大范围内传播优秀传统文化理念并发挥经世致用等方面的功能。而增强现实、互联网、教学培训等文化传播的路径则可以为优秀传统文化的传播与价值实现贡献更多力量。

第三节　科技赋能文化传播与价值实现的支撑体系

把握区块链生态带来的机遇，培育有参与意愿的网民、有作品产出的研究团队、适应区块链管理生态的监管队伍，打造推动优秀传统文化传播与价值实现的支撑体系。

一　培育有追求善参与的现代网民

让社会公众成为优秀传统文化的传播者与践行者，就要培育有优秀传统文化素养的网民，以人民为基础，积极将优秀传统文化融入他们的精神生活中去，依托他们对优秀传统文化的兴趣与解读吸引更多的网络朋友参与，进而形成能积极参与优秀传统文化传播与价值实现活动的粉丝群体。

在科技赋能下，在文化传播与价值实现的支撑体系中，培育有追求善参与的现代网民是基础且关键的一环。现代网民不再仅是被动接收信息的对象，而是已经成为文化传播的积极参与者和推动者。以下是对如何培育有追求善参与的现代网民的详细分析。

1. 提升数字素养和信息识别能力

随着互联网信息的泛滥，现代网民面临着巨大的信息筛选压力。因此，提升网民的数字素养和信息识别能力变得尤为重要。这包括教育网民如何辨别真假信息、如何评估信息的价值和可靠性，以及如何有效地使用搜索引擎和社交媒体工具。通过学校教育、公共讲座、在线课程等多种途径，逐步提高公众的这些能力。

2. 强化网络伦理和责任感

网络空间是公共空间的延伸,每一位网民都应当成为负责任的信息传播者。这要求网民在享受自由表达权利的同时,也要遵守网络伦理,尊重他人的权利和隐私。教育和引导网民理解和践行网络伦理,对于构建健康的网络环境和文化传播生态至关重要。

3. 激发创造性参与和内容生产

鼓励和激发网民的创造性参与是培育现代网民的重要方面。这不仅包括鼓励用户创作原创内容,如撰写博客、制作视频等,也包括鼓励用户参与到文化项目的众筹、众包等活动中。通过这些活动,网民不仅是消费者,也是创作者,他们的参与能够为文化传播带来新的动力。

4. 促进跨文化交流和理解

在全球化背景下,跨文化交流变得越来越频繁。培育具有国际视野的现代网民,能够帮助他们更好地理解和欣赏不同文化背景的人和事物。这不仅有助于减少文化冲突,也能促进不同文化之间的交流和融合。

5. 加强法律法规教育

随着网络技术的发展,相关的法律法规也在不断更新。为了让网民更好地了解和遵守这些法律法规,有必要加强对他们的法律教育,包括版权法、隐私保护法、网络安全法等方面的知识。

6. 培养批判性思维

在信息爆炸的时代,培养网民的批判性思维尤为重要,包括教育网民如何分析和评价接收到的信息,如何独立思考而不是盲目跟风。批判性思维的培养不仅有助于个人形成独立的判断,也有助于整个社会形成更加理性和成熟的公共讨论氛围。

7. 推广公民参与和社会监督

鼓励网民参与到社会公共事务中,不仅可以增强他们的社会责任感，也可以提升社会的透明度和公正性。通过网络平台，网民可以参与到政策讨论、公共服务评价、环境保护等活动中去，成为社会进步的积极推动者。

综上所述，培育有追求善参与的现代网民是一个系统工程，需要政府、教育机构、社会组织和网民自身共同努力。通过提升数字素养和信息识别能力、强化网络伦理和责任感、激发创造性参与和内容生产、促进跨文化交流和理解、加强法律法规教育、培养批判性思维以及推广公民参与和社会监督，逐步培育出一批有追求善参与的现代网民，为科技赋能下的文化传播与价值实现提供坚实的人才支撑。

二 培育质和量并重的优秀传统文化研究团队

优秀传统文化传播和价值增值必须有"量"，这样才能在信息爆炸的时代保持话题热度。依托高校、科研机构、民间行业协会以及其他各类组织，培育一批优秀传统文化研究者，提高其创作数量和质量，提升优秀传统文化社会关注度，实现价值增值。

在科技赋能文化传播与价值实现的支撑体系中，培育质和量并重的优秀传统文化研究团队是至关重要的。这样的团队不仅能够深入研究和传承传统文化，还能够利用现代科技手段增强文化的吸引力和传播力。以下是对如何培育这样的研究团队的详细分析。

1. 强化跨学科的研究环境

优秀的传统文化研究团队需要具备跨学科的研究能力。这意味着团队成员不仅要有深厚的文化底蕴和历史知识，还要掌握现代科技工具，如数字化技术、大数据分析、人工智能等。为此，研究机构应当建立跨学科的合作平台，鼓励不同领域的专家学者进行交流和合作。

2. 促进研究质量和数量的平衡

在追求研究成果的数量的同时，更应注重研究的深度和质量。

这要求研究团队不断深化对传统文化的理解，提出新的研究问题和视角。同时，应当鼓励团队成员进行长期深入的田野调查和文化实践，以确保研究成果的丰富性和可靠性。

3. 加强理论与实践的结合

理论研究与实践应用相结合是培育优秀研究团队的关键。研究团队应当将理论研究成果应用于实际的文化传播和创新活动中，检验理论的实用性和有效性。同时，实践中的经验和反馈也能够促进理论的发展和完善。

4. 培养后备人才

为了保证研究团队的持续发展，需要重视后备人才的培养。这包括在高校和研究机构中设置相关专业和课程，吸引和培养对传统文化有兴趣的年轻学者。同时，提供足够的研究资源和平台，让年轻学者有机会参与实际的研究项目，积累经验。

5. 加强国际交流与合作

在全球化背景下，加强国际交流与合作对于提升研究团队的水平至关重要。与其他国家和地区的研究机构建立合作关系，可以促进知识和经验的共享，拓宽研究视野，提升研究的国际化水平。

6. 提供充足的研究资金

高质量的研究需要充足的资金。政府和社会应当为传统文化研究提供稳定的资金来源，确保研究团队能够拥有足够的经费进行深入研究。同时，也应当鼓励企业和其他社会组织通过赞助或合作的方式参与到文化研究中。

7. 创新研究方法和工具

随着科技的发展，研究方法和工具也在不断创新。研究团队应当积极探索和采用新的研究方法，如数字人文学、虚拟现实技术等，以提高研究的效率和趣味性。这些新工具不仅能够帮助研究人员更好地分析和理解文化现象，也能够使文化传播更加生动和直观。

8. 促进研究成果的传播和应用

研究成果的传播和应用对于提升研究团队的社会影响力至关重要。研究团队应当积极寻找各种渠道，如学术期刊、会议、展览、媒体等，将研究成果分享给公众。同时，也应当与企业和文化产业合作，将研究成果转化为实际的产品和服务。

综上所述，培育质和量并重的优秀传统文化研究团队是一个系统性的工程，需要政府、学术界、教育界和产业界共同努力。通过强化跨学科的研究环境、促进研究质量和数量的平衡、加强理论与实践的结合、培养后备人才、加强国际交流与合作、提供充足的研究资金、创新研究方法和工具以及促进研究成果的传播和应用，逐步培育出一批高水平的传统文化研究团队，为科技赋能下的文化传播与价值实现提供坚实的学术支撑。

三　构建制度完备、执法专业的区块链监管体系

区块链时代同样需要争议解决体系。要完善争议信息收集、侵权举证、部门执法、处罚通告管理制度，提高监管人员专业素养，形成完备的监管执法体系，为优秀传统文化创作-传播-价值实现提供全方位法律监督服务。

随着区块链技术在文化传播领域的应用日益广泛，如何构建制度完备、执法专业的区块链监管体系成为一个重要课题。区块链的去中心化特性和不可篡改性为文化版权保护、确权、交易和追踪提供了新的解决方案。以下是对构建区块链监管体系的详细分析。

1. 制定明确的法律法规

首先，需要制定明确的法律法规来规范区块链在文化传播领域的应用。这包括确定区块链在版权登记、交易、分发等方面的法律地位和作用，以及明确相关的法律责任和权利。法律法规的制定应当与技术发展同步，确保能够及时应对新出现的问题和挑战。

2. 建立统一的标准和协议

为了确保不同区块链平台和应用之间的互操作性，需要建立统一的标准和协议。这些标准和协议应当涵盖数据格式、交易规则、安全要求等方面，以便不同的区块链系统能够有效地进行数据交换和协同工作。

3. 加强技术研发和创新

政府和私营部门应当加强对区块链技术的研发和创新，以提高其在文化传播领域中的应用效率和安全性。这包括优化区块链的存储结构、提升共识算法的效率、增强加密技术的安全性等方面的研究。

4. 培养专业的人才队伍

构建区块链监管体系还需要大量的专业人才，包括技术研发人员、法律专家、审计和监管机构的工作人员等。教育和培训机构应当提供相关的课程和培训项目，以培养具备专业知识和技能的人才。

5. 实施有效的监管措施

监管机构需要实施有效的监管措施来确保区块链在文化传播领域的合规应用。这包括监控市场动态、审查区块链平台的运营情况、检查版权登记和交易记录等。同时，监管机构也应当与其他国家和地区的监管机构合作，共同打击跨境的文化版权侵权行为。

6. 促进行业自律

除了政府的监管之外，行业的自律也是非常重要的。行业协会和文化机构可以制定自律规范，引导会员单位遵守法律法规和行业标准，建立健全的内部管理制度。

7. 提供公正的争议解决机制

区块链在文化传播中的应用可能会引发各种争议，如版权归属争议、交易合同纠纷等。因此，需要建立公正有效的争议解决机制，包括仲裁、调解、诉讼等途径，以保护参与者的合法权益。

8. 鼓励公众参与和社会监督

公众的参与和社会的监督对于构建区块链监管体系同样重要。通过公开透明的信息披露、公众教育等方式，提高公众对区块链应用的认识和理解，鼓励他们参与到监督和反馈的过程中。

综上所述，构建制度完备、执法专业的区块链监管体系是一个复杂的工程，需要政府、行业、学术界和技术社区等多方面的合作。通过制定明确的法律法规、建立统一的标准和协议、加强技术研发和创新、培养专业的人才队伍、实施有效的监管措施、促进公正的行业自律、提供公正的争议解决机制以及鼓励公众参与和社会监督，确保区块链技术在文化传播领域的健康和有序发展。

第九章 科技赋能文化园区街区建设

文化园区街区作为文化产业的重要集聚地,是推动文化产业发展的核心载体。科技的赋能为文化园区街区的建设与发展提供了新的思路与方法。科技的应用,可以提升文化园区街区的运营管理水平,优化产业结构,增强创新能力,提升文化园区街区的吸引力与竞争力。科技赋能文化园区街区建设,不仅是文化产业发展的需要,也是城市文化建设的重要内容。

第一节 国家级文化产业示范园区基地发展情况

为推进园区基地发展,国家层面出台了《国家级文化产业示范园区(基地)管理办法》(文旅产业发〔2023〕45号)等政策文件,形成了促进园区基地发展的重要支撑。

一 国家级文化产业示范园区发展情况

我国国家级文化产业示范(试验)园区创建工作始于2007年。2007年6月,文化部命名了首批国家级文化产业示范园区,西安曲江新区和深圳华侨城集团公司入选。

2008年5月,文化部命名山东省曲阜新区文化产业园和辽宁省沈阳棋盘山开发区为第二批国家级文化产业示范园区。

2009年3月4日，文化部与天津市政府共同签署了文化发展战略合作框架协议，确定在中新生态城建设国家动漫产业综合示范园。

2011年2月，文化部命名了河南省开封宋都古城文化产业园区和上海市张江文化产业园区为第三批国家级文化产业示范园区，同时命名了广东省广州北岸文化码头等4家国家级文化产业试验园区。

2012年8月，文化部命名湖南省长沙天心文化产业园区和四川省成都青羊绿舟文化产业园区为第四批国家级文化产业示范园区，命名福建省闽台文化产业园等4家国家级文化产业试验园区。

2014年7月，文化部与北京市采取部市战略合作的方式，以北京CBD-定福庄一带为核心承载区，共同推动建设全国首个国家文化产业创新实验区（北京朝阳国家文化产业创新实验区）。

2017年，文化部印发《关于公布第一批国家级文化产业示范园区创建资格名单的通知》，名单涵盖创意设计、动漫游戏、数字文化等新兴业态，也有转型升级后的文化旅游、工艺美术、文化娱乐等传统业态[1]。

截止到2023年，全国已有命名的国家级文化产业示范园区34家，外加文化和旅游部与北京市、天津市共建的2家（见表9-1）。

表9-1 国家级文化产业示范园区分布

单位：家

属地	数量	名称
广东	3	广州北京路文化核心区、广东省龙岗数字创意产业走廊、华侨城集团公司
湖南	3	湘潭昭山文化产业园、湖南省马栏山视频文创产业园、长沙天心文化产业园区

---

[1] 小军哥：《国家级文化产业园区建设趋势》，澎湃网，https://m.thepaper.cn/baijiahao_18792148。

续表

属地	数量	名称
山东	3	台儿庄古城文化产业园、山东省青州中晨书画艺术产业园、曲阜新区文化产业园
浙江	3	杭州市白马湖生态创意城、浙江省横店影视文化产业集聚区、浙江省衢州儒学文化产业园
上海	2	上海市大创智创新发展示范园区、张江文化产业园区
四川	2	四川省梵木文化产业园、成都青羊绿舟文化产业园区
安徽	2	安徽省合肥包河创意文化产业园、蚌埠大禹文化产业示范园区
河北	2	河北"21世纪避暑山庄"文化旅游产业园区、河北省中国曲阳雕塑文化产业园
吉林	2	吉林省东北亚文化创意科技园、吉林省广告创意文化产业园区
甘肃	1	敦煌文化产业园
北京	1	北京朝阳国家文化产业创新实验区（部市共建）
天津	2	天津市滨海新区智慧山文化创意产业园、中新天津生态城国家动漫产业综合示范园（部市共建）
江苏	2	江苏省南京秦淮特色文化产业园、江苏省苏州元和塘文化产业园区
陕西	1	西安曲江新区
辽宁	1	棋盘山开发区
河南	1	开封宋都古城文化产业园区
云南	1	建水紫陶文化产业园区
江西	1	景德镇市陶溪川文创街区
重庆	1	重庆市南滨路文化产业园
贵州	1	贵州省正安吉他文化产业园
西藏	1	西藏自治区西藏文化旅游创意园区

资料来源：根据文化和旅游部资料整理而来。

二 国家级文化产业示范基地发展情况

根据 2023 年 4 月文化和旅游部印发的《国家级文化产业示范园区（基地）管理办法》，国家文化产业示范基地要以演艺、娱乐、动漫、创意设计、数字文化、艺术品、工艺美术、文化会展、文化装备制造、文化投资运营等文化行业生产经营活动为主营业务，其作用主要体现在推动业态优化升级、加快文化科技创新应用、促进产业融合发展等方面。

根据《文化和旅游部关于公布新一批及通过复核的国家文化产业示范基地名单的通知》（文旅产业发〔2024〕24号）文件，219家企业成为新一批国家文化产业示范基地，165家示范基地通过复核。

三 国家级文化产业园区基地发展趋势

《国民经济和社会发展第十四个五年规划和2035年远景目标纲要》中指出要培育骨干文化企业，规范发展文化产业园区，推动区域文化产业带建设。《"十四五"文化产业发展规划》中指出要规范发展文化产业园区基地，并提出"十四五"期间国家级文化产业示范园区有50家左右，国家文化产业示范基地有500个左右。

1. 区域布局将进一步优化

《文化和旅游部关于推动国家级文化产业园区高质量发展的意见》指出，要围绕国家区域重大战略、区域协调发展战略、新型城镇化战略和乡村振兴战略部署，结合区域文化产业带建设，在文化产业发展基础好、配套设施完善的区域，规划布局建设一批主业突出、质量效益显著、可持续发展能力强的国家级文化产业园区。预计未来国家对文化产业园区的布局，将突出填补"空白"，即让没有国家级园区的省市加快形成1家以上园区。同时，注重发挥特色，对于文化产业发展好的区域，可进一步加大扶持力度。

2. 园区类型将进一步精细

《文化和旅游部关于推动国家级文化产业园区高质量发展的意见》指出，各地要进一步规范发展省级文化产业（示范）园区，加强重点园区的储备培育，择优推荐创建国家级文化产业示范园区。

当前，国家级文化产业园区建设初步形成"储备一批、培育一批、提升一批"的梯次发展格局。目前国家级文化产业园区类型主要包括艺术集聚类、创意设计类、传统文化展示类和文旅融合类等，文化与科技融合水平较低，经济效益并不明显。未来几年，将突出差异化、特色化发展趋势，培育壮大数字文化企业集群，加快园区向产业链、创新链、价值链中高端迈进。

第二节 地方文化产业园区街区发展情况

地方文化产业园区街区的发展旨在通过创新驱动、市场主体培育、产业结构优化、服务环境优化等多方面措施，推动文化产业的高质量发展，同时注重文化传承和乡村文化振兴，以实现文化与经济的良性互动和可持续发展。

一 地方文化产业园区街区发展政策取向

文化产业园区街区发展受到诸多政策支持，并取得了成效。2024年3月19日，习近平总书记来到湖南常德，首先考察了常德河街，观看了当地非物质文化遗产技艺展示[①]。

1. 创新发展生态

政策鼓励文化产业园区街区构建多层次的创新创业服务体系，包括企业孵化器、众创空间等，以促进产业链和创新链的深度融合。同时，实施人才培育工程，加强园区街区经营管理和创新创意人才的培养，推动形成大中小微文化企业融通发展的创新生态圈。

2. 创新运营管理方式

引导园区街区从"房东型"向服务型转变，建立入驻文化企业

---

① 丁春雨、戴斌、张楠：《跟着总书记探寻中华文明 | 常德河街：特色非遗 焕发生机》，新华网，http://www.xinhuanet.com/20250329/9981f864c6d4462caa36cbfa90fcf722/c。

需求定期调研机制，优化服务内容，提升服务品质。支持品牌化、连锁化、专业化园区街区运营管理机构参与园区街区建设发展，推进智慧园区街区建设，利用5G、工业互联网、物联网等信息技术提升运营管理的智能化、精细化水平。

3. 培育壮大文化市场主体

政策鼓励园区街区整合优势资源，培育和引进具有核心竞争力的龙头文化企业，支持中小微文化企业向专业化、特色化、创新型方向发展。同时，优化投资兴业环境，促进各类资本健康有序投资，支持园区街区内文化企业创新和发展壮大。

4. 产业结构优化升级

推动文化产业数字化战略，加快发展新型文化业态，如数字创意、数字艺术、数字娱乐等。同时，推动传统文化业态与数字技术结合，提升演艺、娱乐、工艺美术等行业的科技创新应用水平，加快向产业链、创新链、价值链中高端迈进。

5. 培育融合共生文化生态

将区域内老旧厂房、街区、仓库等更新改造为富有文化内涵和人文气息的产业发展空间、艺术生活空间。引导园区街区营造社区化工作生活环境，面向社会开放文化设施、提供公共服务，增强对入驻企业和社会公众的文化吸引力。

6. 优化服务环境

完善公共服务，整合政策信息、商事服务、认证服务、知识产权保护等，引进财税会计、法务代理、投资咨询等方面的专业服务机构。强化金融支撑，依托文化和旅游部与金融机构合作机制，加大对园区街区重点企业和项目的支持力度，拓宽融资渠道，为园区街区内优质文化企业和创业团队提供融资服务。

7. 支持保障措施

强化组织领导，将园区街区创建和发展工作纳入本地区发展规划,加强与发展改革、财政、自然资源等部门的协作和政策衔接。加强政策支持,落实文化产业发展规划和相关产业政策,在企业培育、人才培养、金融服务等方面给予支持,加大对西部地区、东北地区园区街区的扶持力度。

二 文化产业园区街区发展现状

文化产业园区街区在促进产业领域细分和规模效应的同时,也面临缺少文化、商业开发氛围浓厚、滥用文化资源、缺乏合理规划等问题。新时代文化产业园区街区需要与科技结合,完善园区街区运营模式,打造智慧园区街区,以顺应时代发展潮流。

文化产业园区街区作为文化产业发展的重要平台,在近年来得到了快速发展。根据相关研究和统计数据,我国目前正在运营的文化产业园区共计3401家(不含港澳台地区),总体呈现东多西少、轴心辐射的态势。这些园区在促进文化企业集聚、激发文化创新活力、丰富文化产品供给等方面发挥了积极作用。文化产业街区通过文化创意产业的发展,推动了当地经济的增长。例如,楚雄市彝人古镇主题街区年度总营业额超9亿元,2024年接待游客超1200万人次。同时,文化产业街区不仅是一个商业空间,也是一个生活空间,实现了景区、街区、社区三区融合发展①。

文化产业园区的类型多样,包括创意设计类、文化科技类、文化艺术类、文化旅游类、传统文化资源类和文化制造类等。其中,创意设计类园区数量最多,文化旅游类园区在全国多点开花,文化制造类园区主要集中在东部和中部地区。街区内的产业业态丰富多样,既有文化创意类、现代科技类,也有沉浸式体验类。例如,哈尔滨的中央大街植入了大量文化创意类、现代科技类、沉浸式体验

---

① 周永芳:《全省唯一!楚雄这个街区入选第四批国家级旅游休闲街区名单》,新浪看点,http://k.sina.com.cn/article_5890690907_15f1ccf5b019015kn4.html。

类产业业态，使街区更加时尚、活力四射。文化产业街区不仅包括传统的文化产业，如文学、音乐、电影等，还涵盖了新兴的文化产业，如数字娱乐、游戏、动漫等。例如，成都太古里汇聚了方所、野兽派、无印良品等新近热门大牌，融合了多种文化创意产业[①]。

从区域分布来看，东部地区文化产业园区街区数量众多，分布均匀，文化企业数量保持稳定增长。中部地区省会城市集聚效应明显，西部地区部分中心城市集聚效应凸显，而东北地区则量少不均，集聚能力较弱。

三 文化产业园区街区发展趋势

在发展趋势方面，国家级文化产业示范园区的龙头效应将继续彰显，新业态将成为文化产业园区最具活力的发展动能，数字文化产业园区备受关注，园区智能化升级成为提升管理水平的热点，文化产业园区将成为城市更新的重要抓手。文创街区则是近年来兴起的一种城市更新模式，它将文化创意产业与城市空间相结合，旨在打造一个集文化、艺术、创意、商业等多种元素于一体的城市空间，为城市的可持续发展提供了新的思路和方向。一些街区则利用当地的工业遗址或历史建筑进行改造，赋予其新的文化功能。比如北京798艺术区，利用民主德国设计建造的包豪森风格建筑群，发展成为包含画廊、艺术中心、艺术家工作室等多种空间的聚合SOHO式艺术街区。在未来的城市更新中，文创街区将会发挥越来越重要的作用[②]。

政府对文化产业园区街区的发展给予了高度重视，提出了一系列支持政策和措施，包括培育壮大文化市场主体、推动产业结构优化升级、培育融合共生的文化生态、完善公共服务、强化金融支撑

---

① 田园游记：《值得借鉴！国内20个特色文化创意商业街区》，搜狐网，https://www.sohu.com/a/425854459_772581。
② 《文创街区——让城市更有灵魂的文化新地标》，网易，https://www.163.com/dy/article/I1VDBBHQ05562NCG.html。

和营造宜业空间等。

此外,2024年政府工作报告中提到,要大力发展文化产业,深入推进国家文化数字化战略,提高国际传播能力。这为文化产业园区街区的发展指明了方向。

总体来看,我国文化产业园区街区发展态势良好,但也存在区域发展不均衡、园区街区评定标准有待明晰、园区街区定位与城市发展的关联度不高等问题。未来的发展趋势将是优化区域布局、精细化园区街区类型、拓展产业空间,同时加强政策支持和规范化管理。

第三节 案例研究

2020年9月17日,习近平总书记考察调研马栏山视频文创产业园,并做出重要指示,为园区发展指明了新方位、赋予了新使命。园区牢记嘱托、感恩奋进,大力实施科技赋能文化创新工程,一步一步把习近平总书记擘画的美好蓝图变为现实。园区企业营收超1700亿元、税收超95亿元。为加快文化产业融合升级,更好推动马栏山视频文创产业园高质量发展,调研组聚焦园区的发展实践,深入调研思考深化文化与科技融合的关键着力点,力求探索出一条科技赋能文化产业创新的马栏山路径。

一 园区发展成效

1. 守正创新,打响了"马栏山品牌"

习近平总书记指出:"文化产业既有意识形态属性,又有市场属性,但意识形态属性是本质属性。""一定要牢牢把握正确导向,坚持守正创新,确保文化产业持续健康发展。"[①] 园区坚持导向金不

---

① 《坚守人民情怀,走好新时代的长征路——习近平在湖南考察并主持召开基层代表座谈会纪实》,人民网,http://jhsjk.people.cn/article/31868306。

换，以社会效益为先，推出了一大批满足人民日益增长的美好生活需要的精品力作。如《当马克思遇见孔夫子》成为全国首部阐释"第二个结合"的电视理论片；纪录片《守护解放西》自2019年9月第一季上线以来，截止到2024年9月初已播出四季，总播放量破12亿次，豆瓣评分最高9.2分，弹幕评论超700万条，刷新了B站纪录片评分最高纪录[1]；音乐节目《声生不息》赓续了海峡两岸民心相通的文化交流；综艺节目《花儿与少年·丝路季》向世界展示中华民族文化魅力，获多个中国驻外使领馆全球推荐。芒果TV国际App覆盖全球195个国家和地区，成为中华文化走出去的重要力量。据统计，园区企业生产的作品获得"五个一工程"奖、"飞天奖"、"星光奖"等国家级奖项200多项。连续四届举办中国新媒体大会，"马栏山指数"成为引导全国视频文创产业发展的重要"风向标"，园区获评国家级文化产业示范园区。

2. 科文融合，点燃了"马栏山引擎"

习近平总书记强调："文化和科技融合，既催生了新的文化业态、延伸了文化产业链，又集聚了大量创新人才，是朝阳产业，大有前途。"[2] 园区坚持"文化+科技"，围绕音视频产业发展，在人工智能、虚拟现实、智能云制播系统等新技术领域创新变革。成立5G高新视频多场景应用国家广播电视总局重点实验室、马栏山·华为云音视频产业创新中心等10个科研院所和创新平台。联合华为构建了全国首个视频制作共享云平台，解决传统音视频内容生产速度慢、效率低的问题。与国防科技大学共建全球第一台"视频超算"，渲染效率大幅提升。中国V链成为全国领先的数字版权保护与交易平台，存量版权素材超30万条。5G智慧电台5分钟即可快速生成一家

---

[1] 郭薇灿、管崇渐：《〈守护解放西〉回归！坡子街派出所再"破圈"》，百家号，https://baijiahao.baidu.com/s?id=1810158642138861253&wfr=spider&for=pc。

[2] 《习近平在湖南考察时强调 在推动高质量发展上闯出新路子 谱写新时代中国特色社会主义湖南新篇章》，人民网，http://jhsjk.people.cn/article/31867620。

"人工智能电台"，签约全国1025家广播电台频率，年节目输出量达9000小时。园区获评国家文化和科技融合优秀示范基地。

3. 强链补链，构筑了"马栏山生态"

习近平总书记强调："文化产业是一个朝阳产业。现在文化和技术深入结合，文化产业快速发展，从业人员也在不断增长，这既是一个迅速发展的产业，也是一个巨大的人才蓄水池。"[①] 园区抢抓发展机遇，一边"建楼"，一边"建链"，截止到2023年，园区有14个企业聚集区、14个专业影棚（演播厅），新引进企业3600余家，其中围绕强链补链引进华为、中影年年、创壹科技等音视频领域头部企业100多家。吸引集聚5万多名产业人才，连续4年举办"马栏山杯"国际音视频算法大赛，沉淀了100多名顶尖算法人才。园区形成了"上下楼就是上下游、产业园就是产业链、朋友圈就是生态圈"的良好生态，获评全国版权示范园区、中国创新创业典型示范基地。

二 正确研判园区发展面临的形势、基础和挑战

当前，全球新一轮科技革命和产业变革蓬勃兴起，信息技术革命正加速向经济社会各领域广泛渗透，为人民生活提供了新平台、新渠道，也为文化繁荣发展创造了新载体、新机遇。

从基础看，借助湖南广电深耕多年打下的坚实基础，马栏山在音视频领域具有内容品类齐全、应用场景多元、综艺节目生产全国领先的优势。一是内容创意优势。湖南卫视、芒果TV双平台集结了50个节目团队、22个影视团队、34个战略工作室，中南传媒、中广天择等头部企业内容团队先后入驻，形成了强大的内容生态体系。二是音视频数据优势。湖南广电、长沙广电等企业已积累音视频节

[①] 《坚守人民情怀，走好新时代的长征路——习近平在湖南考察并主持召开基层代表座谈会纪实》，人民网，http://jhsjk.people.cn/article/31868306。

目素材超过百万小时，中广天择"节目购"平台具备汇聚全国 300 余家地方电视台内容素材的能力，为版权交易、数字资产运营、人工智能大模型训练与应用提供强大数据支撑。三是应用场景优势。园区集聚了影视综艺、动漫游戏、数字出版、内容电商、文旅文博等多门类企业，沉淀了数百个科文融合的应用场景，形成了以内容创意生产为核心，打通"采、编、播、传、显"全产业链条的数字文化生态。

从挑战看，放眼国内同类文化产业园区，在文化与科技融合发展过程中，普遍存在"文化有优势，科技是短板"的问题。具体到马栏山园区的科技短板，主要表现为：一是新基建缺平台。园区"云、网、算"等新基建虽然建设起步比较早，但未形成资源汇聚及调度平台，没有形成市场化运营管理的能力。二是研发缺协同。园区具备科研能力的机构处于"各自为战"阶段，没有形成主动参与、成果共享、风险共担的科研创新协同机制，导致创新研发成本高、周期长、转化慢。三是文化与科技双向奔赴不够。主要表现在技术研发与应用场景没有打通"最后一公里"，技术研发团队缺乏对应用场景的深入理解，龙头企业缺少开发应用场景的动力。

在人工智能加速发展的新时代，文化的优势将成为园区推动科技赋能文化产业创新最好的切入点。马栏山要推动文化与科技深度融合，关键在扬长补短，推动传统音视频产业数字化转型、智能化升级，驱动全产业链聚合裂变。

三 把握新技术发展趋势，抢占产业转型升级先机

作为习近平总书记视察的首个文化类园区，马栏山视频文创产业园不断创新突破，形成独具特色的发展优势。但应看到，新一轮科技浪潮奔涌而至，全国经济正处在"创新驱动"转型发展的重要机遇期，马栏山视频文创产业园已站在转型升级的"弯道"上，快

走一步或将成为全国文化园区"领头羊",慢走一步则可能在千帆竞发中被其他园区"弯道超车"。

1. 园区独特优势:"一核两新"是园区的最大特色与优势所在

"一核":以湖南广电为核心形成的音视频产业集群与文化创意人才。作为园区"金招牌"的湖南广电跃居2023年"亚洲品牌500强"第91位,居广播电视行业亚洲第2位,品牌价值突破千亿,稳居省级广电第一。园区以湖南广电为龙头形成了较为完整、具有全国竞争力的音视频产业生态,汇聚了国内一流文化创意人才,园区人才居同类园区前列。目前,园区音视频产业人才共5万人,明显高出南京秦淮特色文化产业园等其他同年获评的国家级文化产业示范园区(见表9-2)。

表9-2 2023年获评国家级文化产业示范园区(部分)的人才情况

单位:万人

2023年获评的国家级文化产业示范园区	马栏山视频文创产业园	南京秦淮特色文化产业园	天津滨海新区智慧山文化创意产业园	贵州省正安吉他文化产业园
文化产业人才数量	5	3.3	0.8	0.7

资料来源:通过公开资料整理。

"两新":文化内容创新、文化科技创新。强大的文化内容创新能力是园区最为核心的竞争力与吸引力之一,从《声生不息》等精品佳作的出圈可见一斑。2023年12月,由工信部、教育部等七部门印发的《关于加快推进视听电子产业高质量发展的指导意见》中明确指出,要发挥湖南等地文化内容生产优势。根据园区抽样调查,近年引进的重点企业中,因看中园区优良"内容制作生态"而落户入驻的占40.8%。在文化科技方面,园区抢抓数字"新基建"政策窗口机遇,打造"拎包入住"的数字支撑环境,催生了超高清轻量化直播、虚拟数字人、综艺节目制作、数字资产交易等科技与文化融合应用场景,形成了独特的应用场景优势。抽样调查显示,看中园区"云网算"服务选择落户入驻的企业占比高达44.9%。根据科技部办公厅、中央宣传部办公厅发布的国家文化和科技融合示范基地绩效评价结果，马栏山视频文创产业园国家文化和科技融合示范基地在全国39家园区类基地中位列第二（见表9-3）。

表9-3 国家文化和科技融合示范基地绩效评价结果（部分）

序号	基地名称	评价结果
1	杭州国家级文化和科技融合示范基地	优秀
2	马栏山视频文创产业园国家文化和科技融合示范基地	
3	广州国家级文化和科技融合示范基地	
4	深圳南山国家文化和科技融合示范基地	
5	北京中关村国家级文化和科技融合示范基地	合格
6	天津滨海新区国家级文化和科技融合示范基地	
7	沈阳国家级文化和科技融合示范基地	
8	长春国家级文化和科技融合示范基地	
9	哈尔滨国家级文化和科技融合示范基地	
10	上海张江国家级文化和科技融合示范基地	
11	承德国家级文化和科技融合示范基地	整改

资料来源：科技部办公厅、中央宣传部办公厅。

2. 未来发展大势：在两个"变革"中看到机遇与挑战

一是音视频产业变革。音视频产业正迎来新的数字化转型和智能化升级的变革，由"互联网时代"迈向"人工智能时代"。在这种大变革中，抓住机遇的将迅速脱颖而出跃升行业"排头兵""领头雁"。根据华为公司对音视频产业的研判分析，我国音视频产业前景广阔、大有可为，将在2025年达到4万亿元规模，园区下一轮发展的空间巨大。但挑战永远与机遇并存，目前园区产业的转型发展进入关键期，要警惕"先发"的优势变成升级的"累赘"。如园区产业发展的主力军国有文化企业，资产规模大、产业占比高、带动能力强，但在布局发展新业态、新赛道过程中，存在传统产业人员安置难、转型包袱重等问题，当前湖南广电 90% 的收入和利润来自新媒体，但 70% 的人员仍在传统媒体。在技术研发方面，园区具备科研能力的机构和创新中心达 10 余家，但目前处于"各自为战"阶段，没有形成主动参与、成果共享、风险共担的科研创新协同机制，导致创新研发成本高、周期长。

二是园区发展方式变革。我国经济正从要素驱动、投资驱动转向创新驱动，企业对土地、优惠政策的敏感度逐渐下降，对园区服务软环境提出了更高要求，园区的发展方式将迎来大变革。上海大创智创新发展示范园区（与马栏山视频文创产业园同年获评为国家级文化产业示范园区）等先进地区的文化园区，逐步实现了为园区内企业提供资源对接、上市培育、项目孵化、人才培养、知识产权等全方位服务，覆盖企业全生命周期。但当前马栏山视频文创产业园仍主要采取房租补贴、税收返还等传统政策吸引意向企业入驻，金融服务、项目孵化、上市培育等创新服务短板明显，较难吸引高精尖科创企业、高端科技人才。在共性技术服务方面，园区"云网算"新基建现有条件能满足企业目前所需，但面对企业未来发展需求，未形成资源汇聚及调度平台，没有形成市场化运营管理的能力。

四 推动园区文化与科技深度融合的思路与举措

深入学习贯彻习近平文化思想，立足国家战略布局，从建设中华民族现代文明层面的高度，来谋划文化和科技深度融合。突出文化主体性，以园区为重要抓手，推动实施科技赋能文化产业创新工程。围绕"将马栏山视频文创产业园做得更大更深"的目标，一是打造有核无边的马栏山，大力推动音视频产业发展布局，打破行政区划界限，以马栏山为核心，推动全省产业区域联动，实现内容创意、技术研发在马栏山，硬件制造、场景应用遍布全省；二是打造新业态层出不穷的马栏山，聚焦音视频基础产业和应用产业两大重点领域推进自主创新，推动技术融合、产品融合、市场融合，实现从数字化到数智化的进阶；三是打造人才企业近悦远来的马栏山，推动制度创新和服务创新，集聚全国乃至全世界致力于文化与科技结合的大企业、领军人才和重要科技力量。通过努力，将园区建设成为文化领域规模最大、种类最全、质量最高、成本最低、速度最快的产业园区，成为中国音视频产业前沿引领区和全球数字文创技术标志性基地。计划到2025年，园区产值突破1000亿元；企业税收超过50亿元；园区企业总数超过6000家，规模以上企业达300家，其中世界500强、中国200强、行业20强企业及上市公司等的优质项目入驻不少于20个，培育形成10家以上实力雄厚、竞争力强的骨干文化企业；从业人员达10万人；企业研发（R&D经费）投入每年以15%的速度增长，科研机构达15家，高新技术企业达200家，研发人员超1万人。

1. 加快建设马栏山实验室，集聚科研力量

加速集聚、大力培育一流领军人才和创新团队，突破音视频领域关键核心技术，掌握制胜未来的关键变量。一是打造世界一流研发平台。集聚省内国防科技大学、中南大学、湖南大学等高校和湖南广电、湖南出版集团、华为公司等园区重点企业，高标准建设马栏山实验室，打造"标准与基础技术研究中心""媒体内容产线关键技术中心""产业赋能与联合创新中心"三个中心。二是强化人才支撑。参照上海张江文化产业园区建设上海张江高校协同创新研究院的做法，整合高等院校、科研院所共性技术服务资源，建设马栏山高校协同创新研究院，在"三尖"创新人才工程，以及"芙蓉计划"等高层次人才认定、引进和培育计划中增设"文化和科技融合人才专项"，健全契合科技文化融合特点的人才评价机制，支持省委人才专项支持经费、国家人才项目举荐向文化和科技融合领域倾

斜。三是打好关键核心技术攻坚战。聚焦音视频领域"采、编、播、传、显"五个环节，围绕媒体标准、音频、图形图像等技术领域，面向全国有研发实力的高校、科研机构、企业等创新主体张榜，支持多家单位按照"强强联合"方式组建揭榜创新联合体，开展音视频技术攻关工作。

2. 建好"云网算"新基建平台，夯实技术底座

把新基建作为推动音视频产业转型升级的核心要素，推动生产要素共享，将马栏山建设为全国影视制作的效率"高地"、成本"洼地"。一是加快云网融合。联合芒果云、华为云、腾讯云等公有云平台，迅速搭建互联互通、融合创新、安全可控的"马栏山云平台"，实现云储存、云传输、云制作；依托四大通信运营商已有网络，打通"马栏山云平台"与全国主要外景拍摄基地之间的高速传输网络，赋能影视产业远程协作，实现影视内容边拍摄、边上传、边制作，形成"前期拍摄在异地、后期制作在马栏山"的发展格局。二是强化算力保障。整合省内算力资源，建设算力网络调度平台，形成算力资源的市场化调配体系，实现与全国算力的智慧调度和优化共享，让园区成为全国影视内容全链条制作的算力成本洼地。三是建好大模型及其应用生态。引入华为、智谱等国产基座大模型供应商，建好大模型基座，支持湖南广电、中南出版传媒集团等园区龙头企业打造行业垂类大模型，提升剧本生产、原画绘制、虚拟制片、三维建模等的效率；搭建全国最大音视频算料交易平台，构建形成音视频数据标注的标准与工具，为广电、出版、游戏等行业在剧本生产、高清制播、虚拟制片等方面提供算力、算法和算料支撑。四是搭建软件工具集市。推动3D数字内容制作软件、数字创意软件等行业软件开发，搭建全国最大的音视频软件开发应用平台，丰富工具库供给，降低内容创作成本。

3. 以建设全世界最亮眼的数字博物馆为牵引，培育壮大数字文化新业态

通过项目牵引辐射，带动新兴文化业态和文化消费模式发展，抢占文化与科技融合的制高点。一是打造一座馆。整合省博物院文物大数据和优秀传统文化资源，充分发挥湖南广电的平台传播优势、IP创意能力和技术创新实力，推动实体博物馆向数字化延展，打造智能便捷、时尚潮流的文化新空间和创意消费的智能交互体验平台。二是建好一个中心。加快建设马栏山全景文化数字化创新中心，打通文博、文旅、文创产业链，打造湖南文化数字化样板工程。三是打通一条产业链。以项目为支撑，以龙头为牵引，培育一批从事新业态的头部文化科技企业、创新人才，让马栏山影视工业化集群、虚拟化制作集群技术能力赋能文旅融合、数字孪生城市、工程机械仿真等产业，培育数字文化产业新业态。

4. 支持龙头企业发展，实施企业引培带动工程

头部企业是文化和科技融合的主要力量，也是文化产业转型升级的主体。一是支持湖南广电大力推进第四轮改革。支持湖南广电保持适应市场通行规则的人才薪酬及考核制度，鼓励以市场化的方式强化资本业务协同，释放人才和生态活力。园区要支持湖南广电盘活存量资产，加强公共技术研发，推动湖南卫视、芒果TV双平台深度融合，加速建成国际一流的主流新媒体集团。二是培育新兴龙头企业。筛选一批发展效益好、发展前景优的企业进行重点扶持，积极打造一批在市场占有率、技术输出能力、行业话语权等方面占据优势的龙头企业。三是大力引进领军企业。以音视频领域内容创意、技术研发、平台运营等方面的领军企业为招商重点，采取"一企一策"的方式，用好"湘商回归"政策，引进一批行业领军企业。

5. 组建投融资联盟，建立符合文化和科技融合特点的金融生态体系

文化科技类企业普遍具有高人力资本、高风险溢价与轻资产特点，融资难、融资贵问题较为突出，良好的金融生态对于企业发展至关重要。一是组建投融资联盟。依托园区国有上市企业资本（如达晨创投）、园区产业引导基金以及社会资本等，成立投融资联盟，破解园区中小微企业融资难题。二是健全信用体系。借鉴北京企业"白名单"双向推送机制，打造具有马栏山特色的文化企业征信体系和无形资产评估体系。鼓励金融机构开发特色文化金融产品，提升园区文化金融服务的精准性、普惠性。三是拓宽资本市场。鼓励通过市场主导方式设立各类文化产业投资基金，发挥科创板企业培育中心（中部地区）的功能，建立重点文化科技企业上市培育库，支持符合条件的企业上市或在新三板挂牌融资，用好园区"马驹计划"孵化优质创新企业。

第十章　文化大省湖南的实践

湖南作为文化大省，拥有丰富的文化资源与深厚的文化底蕴。近年来，湖南积极探索科技与文化融合发展的新路径，取得了一系列显著的成果。从文化产业的数字化转型到文化消费的智能化升级，从文化传承的创新手段到文化开放的多元格局，湖南的实践为科技与文化融合发展提供了生动的案例与宝贵的经验。通过对湖南实践的深入分析，可以更好地了解科技与文化融合发展的具体路径与方法，为其他地区的实践提供有益的借鉴。

第一节　湖南成效

2018年8月，湖南省委、省政府出台了《关于加快文化创新体系建设的意见》，进一步推动文化强省建设，加快构建文化创新体系。湖南有长沙国家级文化和科技融合示范基地和马栏山视频文创产业园国家文化和科技融合示范基地等，拥有"文化湘军""出版湘军""锦绣潇湘"等一批在全国具有较强影响力的"湘"字文化品牌，科技文化融合产业拥有上市企业13家，高新技术企业55家，科技型中小企业66家，专精特新企业10家，各类企业数量在全省高技术服务业各领域中均遥遥领先，创新基础较优，科技文化融合产业发展势头良好。

一 绘就宏伟蓝图让赋能更有导向

明确的战略任务是"科技+文化"赋能"三高四新"的导航图,是集聚"科技+文化"动能、提升赋能效率的有效路径。一是明晰了靶向点,《湖南省国民经济和社会发展第十四个五年规划和二〇三五年远景目标纲要》《湖南省"十四五"科技创新规划》《湖南省"十四五"文化改革发展规划》《湖南省"十四五"战略性新兴产业发展规划》《湖南省数字经济发展规划(2020—2025年)》都对推进"文化+科技"融合发展做出了部署,明确提出重点把握大数据、区块链等带来的历史机遇,推进文化与科技融合、线上与线下融合、传统资源与现代技术融合的融合发展导向。二是勾画了路线图,有关规划、文件明确提出以网络视听、数字文旅、创意设计、数字出版等为关键发力点,加快发展壮大数字内容产业,构建"内容+装备+传输+应用+交易"的全产业链。

二 筑牢平台载体让赋能更加可为

坚持科技、文化"双轮驱动"发展模式,瞄准国家示范基地建设目标,以科技为支撑,围绕IP、研发、推广、交易、体验等上下游产业链,培育一批科技文化领军示范企业,基地产业集聚效应明显提升,文化和科技融合示范引领功能明显增强。一是搭建产权交易平台,让产权变现。依托湖南省知识产权交易中心加强产权交易服务平台建设,持续推进湖南省股权交易所、技术产权交易所、国际版权交易中心等平台载体建设。加快培育数据要素市场,完善数据资源产权、交易流通等方面制度。二是瞄准"国字号",推进国家级科技文化融合平台载体建设,组织认定一批文化与科技深度融合的引领型、示范型、平台型省级示范基地,并积极培育、择优推荐申报国家级文化和科技融合示范基地,2012年5月长沙国家级文化和科技融合示范基地获批，2019年4月马栏山视频文创产业园国家文化和科技融合示范基地获批，2020年11月湖南怀化文化（广告）创意产业园国家文化和科技融合示范基地、湖南明和光电设备有限公司国家文化和科技融合示范基地获批。三是适应"湖南味"，启动了省级文化和科技融合示范基地建设，制定出台了《湖南省文化和科技融合示范基地（单体类）认定管理暂行办法》等政策文件，2021年11月公布了首批16家示范基地（单体类）名单。

三 谋划重点项目让赋能更快落地

始终紧盯项目建设这一抓手，有效开创了"科技+文化"发展新局面。一是把握全局性布局重点项目，瞄准关键领域和重点环节支持一批重点项目，2020年省科技创新计划立项资助1000余万元支持了"高真实感增强现实演播室关键技术及应用研究""新湖南云融媒体技术平台研发与集成""基于AIoT智慧全域旅游平台关键技术研究及应用""基于光场技术的虚拟增强现实内容制作平台"等一批优秀文创类项目。二是突出前瞻性布局重点项目，在湖南省高新技术产业创新引领计划中凝练设计"影视媒体技术创新与应用示范"项目，重点支持虚拟现实、增强现实、混合现实关键技术及传统文化产品研发，以及4K高清修复、人工智能手语播报、数字视频创意、新型软件、版权及配套衍生数字视频等全产业链技术创新。三是围绕有效性布局重点项目，强化科技对传统文化项目的改造，湖南省博物馆、湖南省科学技术馆等传统文化场馆科技元素越来越足，大量非物质文化遗产代表性项目完成了"上网"展示，会展等产业更是依托"互联网+"实现线上线下一体发展。

四 健全配套政策让赋能更有支撑

充分释放政策红利，有效降低"科技+文化"赋能成本。一是积极完善综合支持政策，湖南省委、省政府出台了《关于加快文化创新体系建设的意见》（湘发〔2018〕12号），《湖南省长株潭国家自主创新示范区条例》、《湖南省科学技术厅关于进一步加强基础研究工作的措施》等，在行政审批、包容审慎监管、要素投入等领域明确了支持政策。二是积极完善园区基地配套政策，出台了《科技创新支撑马栏山视频文创产业园发展若干措施》，聚焦科技创新支撑马栏山视频文创产业园发展，围绕营造文化科技创新创业生态环境、加强文化关键核心技术研发和应用、支持科技创新人才队伍培养引进、完善科技创新和市场交易平台建设等方面，提出了明确、具体和可操作的措施，整合科技创新资源，强化精准对接服务。

五 优化运行生态让赋能更具效能

适应大数据、互联网等新技术广泛应用新生态，全面推进"科技+文化"发展生态的优化。一是着力推进基础设施建设，以5G、大数据、文化场馆设施等领域为重点，湖南省"数字新基建"100个标志性项目名单（2021年）等一大批"科技+文化"相关重大项目开工建设。二是持续深入推进"科技+文化"与金融、旅游等业态深度融合发展。出台了《湖南省金融支持疫情防控和企业复工复产的若干措施》《关于做好文化旅游企业金融支持工作的通知》等文件。三是全面引导社会参与，积极组织省创新创业大赛，立足基地产业发展技术需求，支持建设了一批众创空间，吸引和汇聚科技文创人员入驻基地创新创业。2020年湖南智创视通企业管理运营有限公司建设的"草莓V视众创空间"获批国家备案众创空间。

第二节 湖南"科技+文化"融合发展赋能"三高四新"战略面临的挑战

湖南文化科技融合赋能在目标清晰度与行动有效性、研发实力与产业化水平等方面还存在不足。

一 标兵领跑：湖南文化科技融合赋能目标清晰度与行动有效性存在不足

国家明确规定，申报集聚类文化科技融合示范基地应"目标明确、示范性强、管理规范、配套完善"，单体类基地则突出"特色鲜明、主业突出、创新力强、管理规范"，这实际上也是文化科技发展的目标导向，截止到2022年上半年，全国共分四批认定85个国家文化和科技融合示范基地，分布在26个省份。其中，北京、浙江、广东位列前三，是文化科技融合发展的领头羊；辽宁、上海、江苏处于第二梯队，文化科技融合发展整体较好（见表10-1）。从浙江来看，截止到2021年底，浙江共支持建设文化领域省级公共创新平台与载体4个、重点实验室及工程技术中心2家，支持立项省重点研发计划项目23项，累计资助财政科技经费5300余万元，带动企业研发投入近2.3亿元，认定文化领域高新技术企业近1000家、数字文化示范企业30家，数字文化企业营收占规上文化企业营收比重超过55%。广东同样行动积极有效，广东省科技厅联合相关部门出台了《关于促进我省文化和科技融合发展的意见》和《广东省促进文化和科技深度融合实施方案（2021—2025年）》等政策，明确到2025年建成12个国家基地、50个省级基地。与浙江、广东等地相比，湖南尚未出台高规格发展规划，在目标设置、支持政策等方面存在不足。

表 10-1　2022 年上半年国家级文化和科技融合示范基地分布情况

单位：个，%

序号	省份	数量	占比	序号	省份	数量	占比	序号	省份	数量	占比
1	北京	11	12.94	10	湖北	3	3.53	19	甘肃	2	2.35
2	浙江	9	10.59	11	安徽	3	3.53	20	宁夏	1	1.18
3	广东	8	9.41	12	山东	2	2.35	21	天津	1	1.18
4	辽宁	6	7.06	13	河南	2	2.35	22	黑龙江	1	1.18
5	上海	5	5.88	14	云南	2	2.35	23	吉林	1	1.18
6	江苏	5	5.88	15	贵州	2	2.35	24	河北	1	1.18
7	福建	4	4.71	16	广西	2	2.35	25	内蒙古	1	1.18
8	湖南	4	4.71	17	陕西	2	2.35	26	山西	1	1.18
9	四川	4	4.71	18	重庆	2	2.35				

二　市场竞跑：湖南文化科技融合赋能研发实力与产业化水平均有待提升

科技创新链与文化产业链尚未形成有效对接，重点行业新增动能不足、新兴行业创新能力与成果转化效能不足、未来领域战略布局不足"三个不足"影响了文化科技融合赋能发展。一是新技术研发与储备不足。企业是市场的主体，企业的创新能力与创新活跃度直接决定了行业整体创新能力。调研发现，湖南文化领域企业创新意愿有待提升。如在省文联调研座谈中，参与调研的民营企业家、改制后院团负责人表示，由于财政支持等不足，具有创新能力的领军人才短缺，骨干人才总量不足，人才"引不进、留不住、用不好"问题比较突出，创新动能明显不足，技术研发明显落后于沿海地区，甚至落后于同类地区同行业。在永州、衡阳等地调研发现，大量文化企业目前的状态为"求生存"，创新意愿不强，技术储备明显不足。二是文化科技创新成果产业化有待发力，自主创新与智力支撑能力不强,大数据、人工智能、区块链、AR、VR等新技术在文化产业中的应用不足,缺少头部企业示范带动。在动漫游戏等行业协会调研发现,受收益分配制度等因素影响,相当部分成果被异地转化,本土推广应用不足。三是创新要素整合不足,省内文化科技创新要素分布分散,并存在资源"孤岛"问题。如在省政府发展研究中心调研发现,其整合的大数据资源主要服务于党委、政府部门,很少甚至没有服务于企业、智库研究等部门,资源未得到充分利用。

三 刚性不足:"科技+文化"融合发展支持政策供给-执行-评价体系不健全

总体来看,湖南推进科技与文化融合发展缺乏强有力的政策支持,"务实管用"的政策支持体系有待进一步健全。一是政策供给刚性不足,已出台的各项政策在财政支持、人才补贴等方面的支持不多,或者支持力度不够大,难以真正全领域、全过程支持"科技+文化"融合发展。如在人才支持上,调研发现,与科技文化发展较好的杭州、成都等地相比,长沙安家费等经费支持力度明显偏小。二是政策执行存在"宽松软"的问题。调研发现,部分政策落实存在手续相对复杂,需要服务对象多次跟踪,人事部门主动服务相对不足;部分政策执行中一旦出现"模棱两可"、可为可不为的情形,不敢较真碰硬,怕作为甚至不作为的问题就容易出现,工作人员往往会选择不作为,甚至存在"寻租"的风险。三是政策落实评价机制有待健全,出台政策时注重做加法、做增量,政策信息存在同质化、碎片化等现象,办理流程不够明晰、精简,创新主体的体验感、获得感不强。有创业者反映,政策信息专业性强,同时又比较复杂,创业者及其团队大多是学技术出身的,对企业经营中涉及的一些工商、税收、法律、金融等专业的知识不太了解。项目支持、资金支持等存在重前期申报管理,对后期执行过程、产出效果等的管理相对不足。

四 结构失衡:"科技+文化"融合发展理念-内容-形式分歧犹存

科技与文化必须相互匹配,但两者融合赋能面临结构失衡的挑战。一是融合理念存在争论。"科技为王"还是"文化内容主导"是两者融合中首先要解决的难题,科技主导与文化主导的产业发展生态、运营模式以及利润分配模式等都存在较大的差异,而这种差异往往会对融合程度乃至成败产生深远影响。调研发现,在科技企业与文化企业合作过程中,关于"谁占主导"存在明显争议,其根源在于这个问题会影响后续投资决策以及利润分配。二是融合内容存在分歧。一些重大颠覆性技术创新正在创造新产业新业态,具有深厚文化底蕴的内容往往难以用科技的手段表现出来,相反,一些浅显的文化片段往往容易实现,且易于被受众所接受,这就使得融合的内容存在差异。调研发现,部分优秀传统文化,特别是受众面有限、市场空间有限的文化受到科技企业青睐的可能性较小,但其历史价值往往很大。三是表现形式上存在差异。文化更加倡导自身价值的展示,重点在于内容的总结、提炼,进而展示出来;科技则强调现代感,追求通过新形式让受众享受新体验。调研发现,目前仍有大量的文化内容和产品尚未实现数字化,在市场开拓、效能增强等方面存在不足。

五 环境不优:"科技+文化"融合发展平台-配套-赋能等存在不足

越是高质量发展,环境的影响越大,湖南文化科技融合发展的整体环境依然有待优化。一是平台载体功能有待拓展。除"岳麓山国家大学科技城""马栏山视频文创产业园"等少数平台外,各类园区基地中包含项目孵化、风险投资、成果对接转化、综合服务等功能的新型文化业态孵化器、加速器不多,难以真正在文化科技融合领域发挥支撑作用。二是配套服务体系不健全。文化科技融合配套支持政策既涉及财政、发改、经信、商务、税务等行业主管部门,也涉及宣传部、文广新局等文化产业主管部门,在项目申报、扶持政策落实等方面存在难题。如在永州、衡阳等地调研中,区县宣传部门及行业主管部门普遍反映,一项政策,如果财政、人社(编办)两大部门不参与,事关奖励的政策落实难度非常大。三是赋能模式有待深入创新。调研发现,科技成果省内转化不足,新业态总量规模偏小,未来产业布局不足,难以为"三高四新"战略实施提供有力支撑。以长沙市为例,2020年,附加值低、高污染、高消耗的烟花鞭炮和印刷产业对全市文化产业的贡献率超过40%,而互联网文化、展览服务、广告、文化设计、数字出版等新兴领域对全市文化产业的贡献率不到20%。比较而言,2021年,杭州市新闻信息服务、内容创作生产、创意设计服务和文化传播渠道等四类规上文化企业营业收入分别达到3429亿元、2787亿元、1064亿元、348亿元,真正成为文化科技融合的主力军[①]。

第三节 加快推进"科技+文化"融合发展更高水平赋能"三高四新"战略的八条路径

把握文化科技融合的重点领域、关键环节,将融合赋能"三高四新"任务具体化、行动化、项目化。

1. 加快制定出台湖南版"推进文化科技深度融合赋能'三高四新'战略的实施意见"

根据科技部、中央宣传部等六部门联合印发的《关于促进文化

---

① 厉玮:《杭州文化产业迎"春风"》,《杭州日报》2022年3月9日。

和科技深度融合的指导意见》等文件精神，借鉴浙江、四川、湖北等地经验，结合湖南发展需求，加快制定出台文化科技融合实施意见，明确加强影视出版、文化演艺、文化旅游、数字娱乐、视频文创、公共服务、创意设计、网络文化等重点领域关键技术系统研发以及应用示范，培育新技术、新业态、新载体、新领域，构筑新经济模式，推进文化科技产业化发展，形成经济社会发展新动能。

2. 推进关键核心技术研发

充分发挥湖南国家应用数学中心、国家超级计算长沙中心等平台作用，深入推进开放式创新生态建设，鼓励支持科研院所、企事业单位研发设备、研究人员等要素流动、共享，为文化科技融合提供相关数学基础理论和技术支撑。依托湖南省科技厅创新型省份建设专项资金、高新技术重点领域等科技专项资金，支持市场主体实施一批标志性科技创新项目，突破一批关键核心技术，培养一批高水平团队人才，打造"创、研、产、销"一体化的文化科技产业链。

3. 加快文化科技融合云平台建设

落实《"十四五"国家信息化规划》等规划的精神，充分发挥新组建的湖南省政务服务和大数据中心等机构的作用，发挥文联、科技部门以及相关行业协会的功能，加快构建优秀传统文化科技大数据体系，汇聚文化大数据，完善数据接入与使用付费管理机制，引导企业积极使用在线平台。鼓励支持使用物联网、云计算以及人工智能等新技术对文化产业开展全方位、全链条改造，促进文化数字化成果网络化、智能化，加快打造"云课堂""云音乐节""云旅游"等平台。

4. 推进文化科技政产学研用协同创新

依托省科技厅、省文旅厅等职能部门，鼓励支持中南大学等高校、湖南省文化创意产业研究中心等研究机构、文化企业成立产学研合作机构，共同推进技术研发、应用。积极促进文化产业链和科技创新链有机衔接，拓展文化科技重点应用场景，推进创新成果应用信息平台建设，促进新技术供给方与市场需求方对接。

5. 依托"3+N"载体引导文化科技产业集聚发展

以长沙天心国家文化（广告）产业示范园、湘潭昭山文化产业园、马栏山视频文创产业园三大国家级文化产业园为重点，辅以获批的国家级、省级文化和科技融合示范基地以及其他文化产业园区等，进一步引导园区突出主业，打造差异化有特色的文化科技产业体系。持续支持园区、企业申报国家文化和科技融合示范基地，建立完善的孵化、培育体系，力争每一批次成功获批2—3家示范基地；稳步扩大省级文化和科技融合示范基地建设项目扶持规模，持续推进文化科技融合新业态孵化，促进产业链延伸，打造文化科技融合产业链。

6. 实施"3+N"文化科技产业链建设行动

突出广电、出版、演艺优势特色产业链建设，进一步提升三大行业对全省文化科技行业的引领示范作用，扩大湖南文化科技的国内乃至国际影响力。稳步培育壮大接替产业，推进数字娱乐、在线研发设计、线上比赛、直播、展览展示等新业态发展，引导绿色印刷、数字印刷、新型影院系统、数字多媒体娱乐设备、智能家庭娱乐、沉浸式体验平台等高端数字文化装备行业发展。

7. 培育壮大文化科技企业

更加重视文化科技领域领军企业和骨干企业的示范带动作用，依托省文旅厅、省科技厅等职能部门，围绕文化精品创作、现代传播、现代公共文化服务、现代文化产业、现代文化市场等领域，选择制度规范、管理科学、实力雄厚的本土企业进行培育，打造文化科技融合发展领军企业。依托马栏山视频文创产业园等文化产业园区，实施文化科技企业创业孵化行动，鼓励个体户注册企业，引导其规范发展。

8. 优化文化科技融合赋能"三高四新"生态

完善政策评估机制，紧盯国家政策导向，动态更新财政、金融等方面政策，确保文化科技相关扶持政策具有竞争力。强化全链条服务，以打造产业生态链为核心目标，完善项目开发、建设、运营和服务体系。完善专业人才引进、培训机制，支持高校、网络培训平台、企业等主体共同推进联合培训平台建设。

第四节　加快建设综合性国家科学中心提升科技赋能能力

贯彻落实习近平总书记关于科技创新工作的重要讲话和重要指示批示精神，真正建成具有核心竞争力的科技创新高地，湖南还需要有新的更多、更大、更具标志性、更具突破性的成果。建设以国家实验室为代表的综合性国家科学中心，不仅是实施国家战略的需要，更是湖南汇聚更多科创顶级项目、顶级装置、顶级人才、顶级成果的需要。笔者认为，要深刻认识建设综合性国家科学中心的紧迫性、可行性，着力将长沙（长株潭）-武汉打造成为全球科技集群10强，实施"一带一路"科技创新合作计划，统筹推进国家队、省队、省队后备梯队研发平台扩容提质，聚焦当前与谋划长远并行，加快将长沙打造为全球研发中心城市，不断提升湖南科技创新高地全球影响力。

一　紧跟动态，加快建设综合性国家科学中心更显迫切

与世界一流相比，湖南仍有差距。世界知识产权组织（WIPO）发布的《2022年全球创新指数报告》显示，在世界十大科技集群中，我国深圳-香港-广州地区、北京、上海-苏州位居其中，长沙不在范围内；《全球科技创新中心评估报告2022》数据显示，前100

强中，我国北京、上海、香港、深圳、广州、杭州、南京、台北、武汉、成都、合肥、重庆、西安、青岛、天津、苏州在列，长沙并不在其中。由此可见，湖南省打造科技创新高地的高度、厚度、维度都要有新的突破，只有这样才能在部分赛道上跟上潮流，甚至引领潮流。

从创新平台支撑来看，湖南尚未实现国家实验室"0"的突破，打造科技创新高地的高度还需上升。美国的实践证明，国家实验室体系在国家竞争力和国家安全方面能起到"定海神针"式的支柱作用。2018年5月，习近平总书记强调，"要高标准建设国家实验室，推动大科学计划、大科学工程、大科学中心、国际科技创新基地的统筹布局和优化"[①]。2022年修订后的《科学技术进步法》正式实施，首次将国家实验室作为国家战略科技力量的重要组成部分，且摆在第一位。北京（2个）、安徽、湖北、辽宁等地早有国家实验室布局，且北京、辽宁、安徽等地都在谋求"再下一城"，广东、浙江等地则在积极谋求"0"的突破，国家实验室已然成为战略资源高度集中的"兵家必争之地"。"十四五"规划纲要提出，将聚焦量子信息、光子与微纳电子、网络通信、人工智能、生物医药、现代能源系统等重大创新领域组建一批国家实验室，重组国家重点实验室，这为湖南省打开了新的窗口。湖南省亟须抢抓机遇，对标先进，力争在级别最高的国家实验室建设上尽快实现"破0进1"。

从竞争优势营造来看，湖南顶级要素投入不足，打造科技创新高地的厚度亟待增强。2020年7月，英国政府发布《英国研发路线图》，承诺到2024—2025财年将每年用于公共研发的资金增加到220亿英镑，到2027年要将英国在研发方面的投资增加到GDP的2.4%，并优先考虑建立全球领先的基础设施和机构。2021年，德国

[①] 《习近平谈治国理政》第三卷，外文出版社，2020，第251页。

《联合执政协议》明确提出要依托科技创新等途径保持全球领先地位。日本第99任首相菅义伟指出,"近20年的研发能力低迷已经成为左右国家未来的严峻事态"。日本发布的"第六期科学技术与创新基本计划"提出,2021—2025年,政府研发投资总额达到30万亿日元,通过官民合作,政府和民间的研发投资总额达到120万亿日元。从国内来看,党的二十大报告指出,必须坚持科技是第一生产力、人才是第一资源、创新是第一动力,深入实施科教兴国战略、人才强国战略、创新驱动发展战略。与处于科技前沿的发达国家相比,与国家对科技创新的要求相比,在硬实力方面,湖南大科学装置等重大科技基础设施建设需进一步加强。如课题组在移动互联网领域调研发现,行业缺少BATJ级大型互联网平台企业,省内企业新技术研发及应用仍处于追赶阶段。在软实力方面,湖南两院院士数量与湖北、安徽等中部省份存在明显差距,如从两院院士工作地来看,2020年湖南未进入全国前10名,中部地区的湖北、安徽分别位列第四、第七位,科技创新的"板凳"亟待加长。

从赛道比拼来看,湖南优势领域有短板,科技创新高地的维度仍需拓展。2021年,德国联邦政府发布的《联合执政协议》将科技创新和数字化发展置于突出位置,并明确了生物和医学、太空和海洋等六大重点研发领域。由中国科学院院士和中国工程院院士投票评选出的"2022年世界十大科技进展",分别分布在生命健康(基因组和人造心脏)、太空、能源、计算机、人工智能等领域。调研发现,湖南航空航天行业在产品轻量化技术、精密加工技术、检测试验技术、适航认证技术等领域存在短板,耐高温、轻质高强、隔热、耐磨等功能材料关键技术储备不足;生物医药领域部分高性能医疗器械的核心零部件依赖进口,如大型医用无创呼吸机的涡轮、比例阀以美国、德国、瑞士进口为主。打造科技创新高地,湖南需要加速赶超,在竞争赛道上寻求"有效超车"。

第十章 文化大省湖南的实践

二 把握方向,加快建设综合性国家科学中心有径可依

以"三超""三深"为代表的创新成果持续领跑世界,中低速磁浮、硬岩隧道掘进机等一批"大国重器"彰显了湖南创新的实力与成效。同时,长株潭国家自主创新示范区的成功实践,充分说明湖南只要把握创新时势,加快建设综合性国家科学中心大有可为。

首先,坚持"四个面向"的创新导向,构建主动服务和融入国家重大发展战略的创新体系。"四个面向"是科技创新的"指南针",湖南在推进关键核心技术攻关、基础研究发展、科技成果转化等方面积累了经验,不断提升原始创新能力和源头供给能力。一是面向世界科技前沿开展创新。在影响产业未来发展态势,抢占未来产业制高点的领域,加强统筹谋划和前瞻布局,引进了英国伦敦大学刘会赟教授团队,北京大学彭练矛院士团队等顶尖人才团队,以点带面实现光量子、碳基集成电路等前沿领域布局,努力实现"从0到1"的科技突破。二是面向经济主战场开展创新。坚持"以我为主、为我所用",推进"科技产业化、产业科技化",聚焦"3+3+2"先进制造业集群和粮食、健康养老等事关国计民生的产业开展科技创新攻关,让科技创新的价值在产业转型升级和经济发展方式转变过程中得到充分体现,让科技创新转化为经济社会发展的第一推动力。三是面向国家重大需求开展创新。积极承担科技强国重任,在杂交水稻、自主可控计算机、新一代轨道交通、超级计算等领域承担一批国家重大专项,在涉及国家安全和重大利益的领域,采取差异化策略和非对称路径,努力破解国家发展的战略难题。四是面向人民生命健康开展创新。聚焦人民关心的污染防治、社会治理、交通出行、健康医疗等重大民生问题开展创新活动,持续推进郴州市国家可持续发展议程创新示范区建设,让科技创新为人民生命健康保驾护航。

其次，坚持市场对创新要素配置的决定性作用，构建开放包容共享共赢的创新生态。确保科技创新活力满满，关键在于坚持以市场为导向，让市场决定创新方向、组织创新活动、转化创新成果、检验创新成效。一是坚持科技创新方向市场化决策。瞄准产业技术创新的重点和方向，发挥市场主体"用脚投票"的决定性作用，紧盯重点产业"卡点""堵点"，着力发挥三一汽车制造有限公司、中国铁建重工集团股份有限公司、山河智能装备股份有限公司等科技创新领军企业的示范带动功能，支持企业打造创新联合体，在工程机械、轨道交通装备、航空动力、信息技术应用创新、新材料等领域进行"靶向攻关"。二是推进科技创新成果市场化运用。加强科技成果转化服务载体建设，建立健全成果转化过程中产学研用各方的责权利分配机制，设立技术交易补贴资金，对科技成果的供给方、承接方、服务方、登记方全链条分类设置支持政策，打出"组合拳"，让科技成果走上市场"货架"。三是优化科技创新投入市场化调节。发挥财政科技投入"四两拨千斤"作用，落实支持和鼓励企业创新的优惠政策，引导企业加大科研投入。全面实现"三个80%"向"三个90%"转变，即全省90%以上的科技经费集中支持产学研结合的创新活动，全社会研发投入的90%以上来自企业投入，全省90%的重大科研成果来源于产学研协同创新。

再次，坚持稳固重大创新平台的战略性地位，构建同频共振的区域协同创新体系。发挥重大创新平台集聚创新要素、推动高质量发展的主阵地、主引擎作用，以重大创新平台建设开辟发展新赛道，开创发展新局面。一是谋划重大创新平台建设。强化顶层设计，共同围绕产业发展需求，谋划打造一批具有强辐射力的创新平台。如长株潭三市共同谋划建设国家区域科技创新中心，谋划建设种业、先进制造等领域国家实验室，完善区域内国家级和省级重点实验室体系。二是发挥重大创新平台技术攻关的支柱作用。依托平台的品牌影响力，整合各类专业性、交叉性研发力量和资源，建立基础性科学研究联盟和合作网络，汇聚国内外创新人才，持续推进"卡脖子"核心技术攻关，搭建"谁能干就让谁干"的赛场。三是推进重大创新平台共建共享。构建"大科技"工作格局，依托长株潭国家自主创新示范区、湘南湘西承接产业转移示范区等跨区域平台，破除行政壁垒，促进创新要素自由流动和优化配置，促进基础设施和公共服务设施共建共享，建立城市群成本共担和利益共享机制。

最后，坚持突出集中力量办大事的制度优势，汇聚关键核心技术攻关的强大动能。集中力量办大事是我国国家治理的巨大优势，能将资源有效整合到战略性先导产业、前沿科技、重大基础设施等领域，破解关系国计民生的难题，引领全局快速发展。一是聚力打造"三谷两山"科技创新集聚区。"长沙·科创谷""株洲·动力谷""湘潭·智造谷"是自主创新的主阵地，已经并将持续为湖南创新高地建设汇聚要素，打开新局。岳麓山国家大学科技城、马栏山视频文创产业园"两山"是长株潭自主创新的"心脏"，形成了立足湖南、面向全国的重要创新策源地，未来自主创新集聚效应将稳步增强。二是聚力"四链融合"构建科技创新生态。强化制度集成创新和区域协同发展，深入推进资金链、产业链、创新链、人才链"四链融合"，形成并持续推广"低投入高产出"的自主创新模式。三是聚力"航母"企业创新主体培育。实施领军型企业"提质"计划、科技型中小企业"育苗"行动，开展"高企百强"评定，"增量提质"壮大创新主体规模，形成有影响力、梯次化的企业主体。

三　担当作为，加快建设综合性国家科学中心时不我待

深入贯彻落实习近平新时代中国特色社会主义思想，传承创新

湖湘精神，在新的更高起点上推进湖南创新高地建设，需要强化担当作为。

首先，着力加快长沙全球研发中心城市建设，打造长沙（长株潭）-武汉全球科技集群10强，实施"一带一路"科技创新合作计划，提升湖南科技创新高地全球影响力。立足国内，放眼全球，持续提高湖南科技创新高地全球地位。一是以标志性工程建设提升湖南科技创新高地含金量。持续推进长株潭国家自主创新示范区、湘江科学城、省级"实验室"和"重大科学装置"等标志性工程建设，积极谋划推进长沙全球研发中心城市等新的标志性工程建设，将标志擦得更亮、插得更高。二是谋求合作打造长沙（长株潭）-武汉全球科技集群10强，汇聚全球创新目光。谋划推进长株潭全球科技集群30强建设，深化与中部地区特别是武汉城市群科技创新合作，联合其光谷实验室等平台，携手打造全球科技集群10强。三是实施"一带一路"科技创新合作计划，推动湖南创新高地走向全球。加快实施科技"走出去"战略，支持隆平发展等主体在巴西设立"中巴农业科技联合研发中心"，支持湖南中医药大学建设"中药民族药创新发展国际联合实验室"，支持在长沙培育建设粤港澳科创产业园。

其次，统筹推进国家队、省队、省队后备梯队研发平台扩容提质，优化提升层次分明的重大科技平台。注重发挥重大创新平台的支撑引领作用。一是要加快实现国家实验室"0"的突破。支持建设岳麓山实验室，以打好种业"翻身仗"，更好保障国家种业安全为目标，联合北京、海南等地科研力量，组建院士领军的联合攻关团队，开展重大科学问题研究、应用基础研究、前沿引领技术研究、关键核心技术攻关，实现种业创新理论和技术的重大突破。二是争取国家重点实验室新突破。积极争取在国家重点实验室体系优化重组和技术创新布局中加大对湖南的支持力度，重点支持长株潭建设虚拟制播及多场景应用国家重点实验室、高效能量耗散阻隔和转化用高分子材料国家重点实验室、复杂系统软件工程国家重点实验室、国家生殖健康临床医学研究中心,支持省部共建智慧城市综合能源与交通系统、中药智能与药物创新、辐射-线粒体与人类重大疾病等国家重点实验室。三是争取布局更多国家级研究中心。重点争取支持湖南联合中国石化建设高端合成材料国家技术创新中心,支持湖南联合中国电科建设半导体装备国家技术创新中心分中心,支持湖南联合中国五矿共建国家战略性稀有金属矿产资源高效开发与精深加工技术创新中心。

最后,当前与长远兼顾,以更加明确的目标任务和推进路径打造科技创新高地。着眼当前,谋划长远,以更加鲜明的导向推进科技创新高地建设。一是补齐短板,着力解决"卡脖子"问题。梳理工程机械、轨道交通、航空航天、新材料等领域一批"卡脖子"问题清单,凝练实施国家科技重大专项,完善从基础研究、应用研究到成果转化、示范应用的全链条布局,加快实现重大突破。二是突出特色,着力提升湖南竞争优势。巩固提升湖南在新能源及智能网联汽车、食品医药、数字产业等领域的产品和技术优势,鼓励支持围绕前沿技术展开攻关,积极谋划产业发展新的突破。三是先行快跑,着力布局未来产业。聚焦国家重大战略需求和产业发展共性问题,将新一代半导体、碳基材料、纳米生物、光电信息技术、超硬材料等纳入重点研发任务,加大布局支持力度。

结　语

在人类文明发展的历史坐标系中，科技与文化始终保持着辩证统一的共生关系。作为长期从事产业经济学研究的学者，笔者深切意识到当下这场以数字技术为核心的科技革命正在重构文化产业的底层逻辑。本书试图构建一个系统的理论框架，揭示技术范式变革背景下文化产业生态系统的演进规律。本书不仅关注技术工具层面的创新应用，更着重探讨科技与文化深度融合所引发的产业链价值重构与制度变迁。

从甲骨文的镌刻技艺到活字印刷的发明，从文艺复兴时期的透视技法到摄影技术的诞生，人类文明史本质上是一部科技与文化交互演进的历史。但区别于历史上的渐进式变革，当代科技与文化的融合呈现三个显著特征：首先是融合速度的指数级增长，5G、AI等技术从实验室到产业应用的时间周期缩短至3—5年；其次是融合深度的根本性突破，算法正在重塑内容创作的本质过程；最后是融合广度的无限延展，形成"科技文化化"与"文化科技化"的双向渗透格局。这种变革使得文化产业的价值创造模式发生根本转变，据联合国教科文组织统计，数字文化产品已占全球文化贸易总量的37%，且年增长率保持在12%以上。

科技与文化融合衍生了三大逻辑。一是技术赋能实现从工具应用到生态重构。传统观点认为，科技仅是文化产业的辅助工具，但当前的发展表明，技术已从"工具"升级为"生态构建者"。如AI

生成内容（AIGC）：ChatGPT、MidJourney等工具使文化创作从"人力密集型"转向"算法驱动型"，极大提升了内容生产效率。区块链与数字版权，如NFT（非同质化代币）技术为数字艺术品提供了确权与交易的新模式，推动了文化资产的金融化。元宇宙与虚拟社交，如Roblox、Meta等平台构建了全新的文化消费场景，用户不仅是消费者，更是共创者。这些技术不仅优化了既有流程，更催生了全新的商业模式，如"虚拟偶像经济""沉浸式戏剧"等，使文化产业的边界不断拓展。二是需求升级为从大众消费到个性化体验。数字原生代（Z世代、α世代）的崛起使得文化消费呈现碎片化、互动化、个性化特征，算法推荐（如抖音、Spotify）让文化产品精准匹配用户偏好，形成"千人千面"的消费体验。交互式内容（如互动影视、游戏化叙事）让用户从被动接受者变为主动参与者。虚实融合消费（如AR购物、数字藏品）模糊了线上与线下的界限，推动"体验经济"的繁荣。在此背景下，文化产业链必须从"标准化生产"转向"柔性化供给"，以满足不断变化的消费需求。三是政策与资本的双重推动。各国政府纷纷将"数字文化产业"纳入国家战略，欧盟"创意欧洲"（Creative Europe）计划资助文化科技融合项目，促进文化遗产的数字化保护。在资本层面，2023年全球文化科技领域融资超500亿美元，其中AIGC、元宇宙、数字IP等赛道增长迅猛。政策与资本的协同作用，加速了科技与文化产业的深度融合。

产业链现代化逻辑不断演变。传统文化产业的价值链是线性的（创作→生产→传播→消费），而科技赋能下的现代化产业链呈现网络化、智能化、全球化特征。一是生产端从"人工创作"到"人机协同"。影视剧本、音乐作曲、游戏设计等领域已广泛应用AI工具，如Netflix利用算法优化剧集制作。迪士尼的《曼达洛人》采用LED虚拟拍摄，减少了实景搭建成本，提高了制作效率。传统非遗技艺

（如陶瓷、刺绣）通过数字化建模和3D打印实现规模化生产。二是传播端从"中心化"到"去中心化"。TikTok、B 站等平台让文化内容以"病毒式传播"突破地域限制。IPFS（星际文件系统）等技术确保文化内容的永久存续，避免平台垄断。AI 翻译（如 DeepL）和虚拟主播（如央视 AI 手语主播）打破语言障碍，推动文化出海。三是消费端从"单向接收"到"共创共享"。UGC（用户生成内容）更加流行，如《原神》的玩家二创生态、小红书的文化种草经济。虚实融合体验成为新趋势，如 AR 博物馆、VR 演唱会（如 Travis Scott 的《堡垒之夜》虚拟演出）。数字藏品与粉丝经济一定程度上表明文化消费正走向"资产化"，如周杰伦"无聊猿"NFT、故宫数字文创等。

  本书虽然构建了较为完整的理论体系，但科技与文化的融合仍有许多待解课题：元宇宙带来的产权界定难题、AIGC 引发的创作主体性争议、算法偏见导致的文化多样性风险等。这些既是学术研究的富矿，也是产业实践的指南。期待本书能激发更多跨学科对话，为推动文化产业高质量发展提供智力支持。

参考文献

陈爱贞：《中国经济学如何研究创新发展》，《改革》2016 年第 4 期。

程强、顾新、周全：《国外文化科技创新研究评述与展望》，《国外社会科学》2013 年第 3 期。

《春风化雨润神州——习近平总书记指引数字文化建设述评》，新华网，http://www.xinhuanet.com/2023-05/26/c_1129646597.htm。

崔木花：《文化与科技融合：内涵、机理、模式及路径探讨》，《科学管理研究》2015 年第 1 期。

邓旭霞：《科技创新文化的生成研究》，硕士学位论文，湖南大学，2008。

丁春雨、戴斌、张楠：《跟着总书记探寻中华文明丨常德河街：特色非遗 焕发生机》，新华网，http://www.xinhuanet.com/20250329/9981f864c6d4462caa36cbfa90fcf722/c.html。

傅翠晓、钱省三、陈劲杰等：《知识生产研究综述》，《科技进步与对策》2009 年第 2 期。

郭克莎、杨倜龙：《中国产业数字化改造的机制和政策》，《经济学动态》2023 年第 3 期。

郭薇灿、管崇浙：《〈守护解放西〉回归！坡子街派出所再"破圈"》，百家号，https://baijiahao.baidu.com/s?id=1810158642138861253&wfr

=spider&for=pc。

郝挺雷:《科技创新视域下我国文化产业竞争力研究》,博士学位论文,华中师范大学,2017。

何洪兵:《价值遮蔽与彰显:红色文化的当代传承》,《四川大学学报》(哲学社会科学版)2023年第4期。

洪群联:《我国文创产业高质量发展面临的主要问题》,腾讯网,https://mp.weixin.qq.com/s?__biz=MzkyODQyODcwNQ==&mid=2247487026&idx=2&sn=a002f78025 b5b49c9acf2455963300dd &chksm=c219a9fcf 56e20ea56c71f31fd27d8d23e0edd65e6d1052763 683801089c061eb781179085c3&scene=27。

湖南省广播电视局:《5G智慧电台守正创新服务基层"把党的声音送到田间地头"》,中国政府网,http://gbdsj.hunan.gov.cn/gbdsj/xxgk/gzdt/hyxx/202306/t20230606_29369093.html。

湖南省统计局:《2020年长沙规模以上文化产业"低开高走"行业和区域集聚显著》,湖南统计信息网,https://tjj.hunan.gov.cn/tjfx/sxfx/zss/202104/t20210414_16467565.html。

《湖南之行 总书记提出两道"融合命题"》,中国国家互联网信息办公室、中央网络安全和信息化委员会办公室网站,https://www.cac.gov.cn/2024-03/25/c_1713038239642115.htm。

蒋达:《科技文化与当代创新型国家建设》,《学理论》2017年第12期。

金碚:《关于"高质量发展"的经济学研究》,《中国工业经济》2018年第4期。

柯涛:《创新型国家视野下的科技创新与文化创新》,硕士学位论文,昆明理工大学,2007。

李露:《科技创新视角下文化产业与金融供给侧协同发展机制研究》,《科学管理研究》2018年第6期。

参考文献

李娜：《评〈科技创新与文化建设的理论与实践〉》，《科技进步与对策》2021年第2期。

李涛：《文化与科技深度融合的创新模型研究》，《西南民族大学学报》（人文社科版）2020年第9期。

李小甘：《奋力建设全球区域文化中心城市和国际文化创新创意先锋城市》，百家号，https://baijiahao.baidu.com/s?id=1633049603067757281&wfr=spider&for=pc。

厉玮：《杭州文化产业迎"春风"》，《杭州日报》2022年3月9日。

廉夏夏：《支撑技术创新的创新文化体系研究》，硕士学位论文，昆明理工大学，2013。

刘海春：《增强中华文明传播力影响力》，《红旗文稿》2023年第15期。

刘辉：《科技创新需要创新文化作支撑》，《铁道工程学报》2007年第6期。

刘建明等：《新闻学概论》，中国传媒大学出版社，2007。

卢迪、彭佳、李宽：《新质生产力视角下数智赋能视听传播的问题破解与机制创新》，《视听界》2024年第4期。

路平：《基于科技创新视角的文化产业发展研究》，博士学位论文，武汉大学，2014。

陆遥、王艳琼：《一晚观众近千万人次，这出越剧被年轻人捧火了〈新龙门客栈〉，为何客盈门》，杭州网，https://news.hangzhou.com.cn/zjnews/content/2023-08/10/content_85977620.htm。

马愿：《文化产业带动相关产业创新发展研究》，硕士学位论文，湖南大学，2018。

《毛泽东年谱（1893—1949）》（修订本）中卷，中央文献出版社，2013。

倪健：《文化产业科技创新能力提升研究》，《商场现代化》2016年第 15 期。

倪宗新：《论文化强市发展战略》，《经济体制改革》2002 年第 6 期。

渠长根、闻洁璐：《红色文化资源研究综述》，《浙江理工大学学报》（社会科学版）2019 年第 2 期。

全毅：《科技创新与文化创新》，《东南学术》2000 年第 3 期。

任保平：《新时代中国高质量发展的判断标准、决定因素与实现途径》，《改革》2018 年第 4 期。

任培兵、刘玉、雷玉藏：《培育科学发展文化，促进经济技术创新》，《中国集体经济》2009 年第 33 期。

邵培仁、陈江柳：《丰富"中华"想象：数字时代如何增强中华文明传播力影响力》，《编辑之友》2023 年第 9 期。

宋丽丽：《科技创新对中国文化产业发展经济贡献的实证研究》，《管理观察》2014 年第 34 期。

苏卉：《产业融合背景下文化与科技的协同创新研究》，《资源开发与市场》2015 年第 1 期。

谭坤艳：《论科学创新文化及其构建》，硕士学位论文，成都理工大学，2008。

田珊：《数字化红色文化资源赋能高校思政课的价值及路径探析》，《思想理论教育导刊》2022 年第 7 期。

田园游记：《值得借鉴！国内 20 个特色文化创意商业街区》，搜狐网，https://www.sohu.com/a/425854459_772581。

王春贺：《技术创新与文化产业的互动发展研究》，《当代经济》2017 年第 2 期。

王佳宁、叶丹、黄庆华：《文化强市视野的重庆实践、理论溯源与基本判断》，《重庆社会科学》2016 年第 3 期。

王金伟主编《中国红色旅游发展报告（2022）》，社会科学文献出版社，2023。

王娟：《文化作用于科技创新的机制与路径研究》，硕士学位论文，东北大学，2013。

王楠：《科技创新视域下文化产业发展的思考》，《现代信息科技》2020年第1期。

王媛：《主题出版传播力构成要素分析》，《中国出版》2022年第12期。

王志刚：《推进文化科技创新 加强文化与科技融合》，《求是》2012年第2期。

《文创街区——让城市更有灵魂的文化新地标》，网易，https://www.163.com/dy/article/I1VDBBHQ05562NCG.html。

吴金明：《"二维五元"价值分析模型——关于支撑我国高质量发展的基本理论研究》，《湖南社会科学》2018年第3期。

"习近平系列重要讲话数据库"，人民网，http://jhsjk.people.cn/result?keywords=&isFuzzy=0。

《习近平关于社会主义精神文明建设论述摘编》，中央文献出版社，2022。

《习近平关于网络强国论述摘编》，中央文献出版社，2021。

《习近平谈治国理政》第二卷，外文出版社，2017。

《习近平谈治国理政》第三卷，外文出版社，2020。

《习近平谈治国理政》第四卷，外文出版社，2022。

《习近平外交演讲集》第一卷，中央文献出版社，2022。

习近平：《在文化传承发展座谈会上的讲话》，人民出版社，2023。

解学芳、盖小飞：《技术创新、制度创新协同与文化产业发展：综述与研判》，《科技管理研究》2017年第4期。

解学芳、韩晓芳：《文化产业科技创新能力研究：现状研判与革新路径》，《学术论坛》2015年第4期。

夏锦文、吴先满、吕永刚等：《江苏经济高质量发展"拐点"：内涵、态势及对策》，《现代经济探讨》2018年第5期。

小军哥：《国家级文化产业园区建设趋势》，澎湃网，https://m.thepaper.cn/baijiahao_18792148。

熊三炉：《论科技领域创新文化的构建》，《科技管理研究》2013年第22期。

杨凤、陈思：《论文化科技创新》，《东北大学学报》（社会科学版）2013年第6期。

伊彤、江光华、黄琳：《北京市促进文化科技融合的模式与路径选择》，《科技智囊》2015年第4期。

伊彤、王海峰、张国会等：《北京文化和科技融合发展评价研究》，《中国科技论坛》2021年第8期。

易华：《论经济新常态下文化科技融合推动文化创意产业发展》，《学术论坛》2017年第1期。

尹宏：《我国文化产业转型的困境、路径和对策研究——基于文化和科技融合的视角》，《学术论坛》2014年第2期。

于平、李凤亮主编《文化科技创新发展报告（2013）》，社会科学文献出版社，2013。

张宝英：《科技创新思想在我国文化产业发展中的应用研究》，博士学位论文，福建师范大学，2016。

张春华：《传播力：一个概念的界定与解析》，《求索》2011年第11期。

张珂：《科技创新对文化产业发展的影响研究》，《科教导刊》（中旬刊）2020年第5期。

郑正真、李数函：《成都市文化与科技深度融合创新策略研究》，《科技创新》2021年第6期。

周成、周霖、吕炯彦等：《山西省红色文化遗址的空间分异特征与要素关联分析——以不可移动革命文保单位为例》，《干旱区资源与环境》2022 年第 12 期。

G. Williamson, Communication Capacity SLTinfo, 2014-01-10, https://www.sltinfo.com/communication-capacity.

后　记

在完成这部著作的漫长而充实的过程中，我收获了许多珍贵的支持与帮助，这些力量如同熠熠星光，照亮了我前行的道路，让我得以在这片经济学的浩瀚天地中，将心中的思考与见解化作文字，呈现在读者面前。

此刻，我怀着满心的感激，向给予我助力的单位和同事致以最诚挚的谢意。感谢湖南省社会科学院（湖南省人民政府发展研究中心）资金（个人发展基金）的支持。本书是湖南省社会科学院（湖南省人民政府发展研究中心）哲学社会科学创新工程项目"数字经济生态下文化新业态的创生机制与扩散机理研究"阶段性成果，感谢课题组成员侯灵艺、杨琼等参与讨论并提出修改意见。

当然，在本书撰写过程中，我到政府职能部门、园区、企业等地进行了多次调研，并收集了相关资料。本书参考了大量已有的研究成果，除文中注明部分外，还存在未注明资料来源情形。文稿出版过程中，各位编辑老师付出大量精力，并提出专业意见。在此，一并说明并致谢！

图书在版编目(CIP)数据

科技与文化融合发展：产业链现代化的新逻辑／陶庆先著.－－北京：社会科学文献出版社，2025.6.
ISBN 978-7-5228-4901-0

Ⅰ.G124；F426

中国国家版本馆 CIP 数据核字第 2025EA2219 号

科技与文化融合发展：产业链现代化的新逻辑

著　　者 / 陶庆先
出 版 人 / 冀祥德
责任编辑 / 陈凤玲
文稿编辑 / 许文文
责任印制 / 岳　阳
出　　版 / 社会科学文献出版社·经济与管理分社（010）59367226 地址：北京市北三环中路甲29号院华龙大厦　邮编：100029 网址：www.ssap.com.cn
发　　行 / 社会科学文献出版社（010）59367028
印　　装 / 三河市东方印刷有限公司
规　　格 / 开　本：787mm×1092mm　1/16 印　张：12.5　字　数：161千字
版　　次 / 2025年6月第1版　2025年6月第1次印刷
书　　号 / ISBN 978-7-5228-4901-0
定　　价 / 99.00元

读者服务电话：4008918866

▲ 版权所有 翻印必究